新・MINERVA
福祉ライブラリー
39

主体性を引き出すOJTが福祉現場を変える

事例て学ぶ環境づくりと指導法

社会福祉法人京都府社会福祉協議会 監修

津田耕一 著

ミネルヴァ書房

まえがき

　福祉の職場において，福祉サービスの担い手である職員の育成が重要視され
ています。職員という「人」を着実に育成していくことが，福祉サービスの質
の向上につながるとともに，担い手である職員が成長し，さらには職場で長く
勤めていくことにもつながっていくのです。

　近年，多様な経歴や年齢層，力量の職員が就職する傾向がますます強まって
います。そのような中，具体的にどのような人に育てていけばよいのか，どの
ように人を育てていけばよいのか，といったことになると，明確な方向性や方
法が見出せていないという悩みを多くの職場が抱えています。「職員が中々育
たない」「すぐに辞めてしまう」「いろいろな研修に参加させているのだけど，
うまく活かしきれていない」といった悩みがあるようです。

　そのような中，職場の中で職員を育成していく方法として OJT（On the Job
Training）が注目されるようになってきました。OJT とは，仕事をしながら先
輩や上司が部下や後輩を指導育成する方法のことを指します。OJT は，まさ
に仕事をしながら仕事に直結した形で職員を育成していく方法として，近年，
福祉の職場で大いに注目されています。

　ところが，OJT をどのように職場で活用していけばよいのか分からないと
いった声も耳にします。一方で，OJT を積極的に取り入れ，職員育成に役立
てているという職場もあります。実は，OJT は特別な指導育成方法ではなく，
多くの職場では何らかの形で取り入れられている身近なものなのです。

　そこで，多くの福祉職員の方々に OJT をより具体的に理解していただくた
めに，そして多くの福祉の職場において体系立った OJT を実施していただく
ために本書を企画いたしました。

　本書は，OJT が特別なものではなく，身近に行われているものであるとい

i

う前提に立って書き進めています。職場の中では，先輩や上司が部下や後輩に対して指導育成は行われていることでしょう。これを場当たり的に行うのではなく，意識して行うことで体系立ったOJTが実施できるのです。

　本書の構成は2部構成となっています。第I部では「OJTの考え方とその方法」として，OJTの重要性や意味を整理し，具体的なOJTの進め方について解説しています。第II部では「タイプ別に見たOJTの進め方」として，さまざまなタイプの職員に対するOJTやさまざまなOJTの技法について解説しています。

　本書の特徴は，大きく3点あります。まず，職員のストレングスに着目している点です。それぞれの職員は育成が必要な未熟な存在といったマイナスの捉え方をするのではなく，素晴らしい力量を有する存在であるというプラスの捉え方に基づいています。職員のストレングスを見出し，引き出し，発揮できる育成を基軸として書き進めています。

　2点目は，筆者が担当してきた社会福祉法人京都府社会福祉協議会主催の「OJTリーダー養成研修」等の受講生の実践事例を参考に執筆している点です。

　3点目は，すべての章に事例を盛り込み，より具体的に分かりやすく書き進めている点です。本書の事例は，「OJTリーダー養成研修」等の受講生の実践事例を参考に筆者が創作したものです。また，登場人物はすべて仮名です。

　なお，本書で紹介するOJTの取り組み内容のすべてを読者の皆さんに実施して下さい，というものではありません。OJT担当者としてのスタンス，持ち味，職場の状況，職員の状況，取り上げる事案によって，当然対応は異なってきます。皆さんなりに取捨選択して活用して下さい。

　より質の高い福祉サービスを目指して，その担い手である職員の育成を目指して，本書がその一助になれば幸いです。

　2020年5月

　　　　　　　　　　　　　　　　　　　　　　　　　津田耕一

主体性を引き出す OJT が福祉現場を変える
——事例で学ぶ環境づくりと指導法——

目　次

事例一覧

序　章	誰もがしている OJT
	——身近な事例から

── 本章のねらい ──

　序章では，いくつかの身近な事例を紹介し，職員育成の現状を振り返ります。そして，OJT の重要性と意味について理解を深めるとともに，読者である皆さんが OJT を意識した職員育成を実施しようとする意欲喚起に結びつけていきます。

　皆さんの職場の職員育成はどのような状況でしょうか。実は，OJT という言葉を知らなくとも，あるいは体系立った OJT が行われていなくとも，OJT らしきものを実施している職場も多いのです。OJT は特別なものではなく，少し意識することで体系立った OJT になることを理解します。

1　福祉職場の職員育成の現状

　日本の福祉業界で共通して言われていることがあります。福祉サービスの質の向上，そのための職員の育成です。職員を育てること，職員自身が育つことです。ところが，職場の中で十分な職員育成ができていない職場も多く見受けられます。また，どう育成していけばよいのか分からない，という悩みを多くの職場が抱えていることでしょう。

　あるいは，仰々しいことをしなくとも，その都度気づいた先輩や上司が指導しているので，系統立った職員育成など不要であると感じている方もおられることでしょう。一方で，採用した職員の育成に力を注いでいる職場も多く見受けられます。まずは，次のような身近な事例から職員育成の状況を見てみましょう。

事例 1　職員育成を怠ったために職員が我流で仕事を進めてしまうようになった事例

　岩井さん（女性，46歳）は一般企業に 5 年間勤務し，出産と同時に退職しました。子育てが一段落した頃，障害者就労継続支援 B 型事業所（通所）で職員の募集があるのを見つけ，働き出しました。利用者は18歳以上の知的障害者，自閉症スペクトラムの障害者です。現場の責任者である中西課長（男性，38歳）は，支援員の人数が 8 人と少なく，日々の業務に追われ，社会経験のある岩井さんということで，職場内研修を十分実施しませんでした。

　岩井さんは，以前の職場で身に付けた技能を事業所で活かせると思ったことと，「人の役に立つなら」という想いから障害者とかかわる仕事を選んだのです。岩井さんなりに利用者との関係形成に努めつつ担当部署の仕事を覚えていきました。1 年が経過し，岩井さんなりの仕事の進め方や福祉観・障害者観をイメージできるようになりました。

　そのことが結果的に，我流で仕事を進め，利用者に子どもに接するようなものの言い方をしたり，なれなれしい態度で接したりします。また，障害特性を十分理解できていないため，不適切なかかわりとなってしまうこともあります。時には，利用者に厳しい口調で一方的な指示を出すこともあります。このことが原因で，利用者がパニックを起こしたり，不安定になったりすることもあります。他の職員からも疑問視する声が聞こえてきます。

　これまで中西課長は何度か注意はしていたのですが，その場限りのものとなっていました。ようやく中西課長が岩井さんに対して指導育成していくことの重要性に気づき，法人の基本理念や利用者との接し方について説明したり，不適切なかかわりについて時間をとって注意したりするようになりました。ところが，岩井さんは，就職した当初誰も何も教えてくれず，自分のこれまでの社会経験・職業経験や子育て経験を通して，利用者とのかかわり方や仕事の進め方を模索して形づくってきたと言い張って，中西課長の言うことを聞き入れようとしません。中西課長は，きつく注意するとパワーハラスメントになるのではないか，あるいは岩井さんが辞めてしまうのではないかと不安になり，厳しく指導できません。

　本事例は，社会経験のある新任職員に対して適切に指導育成ができていないために問題が起こった事例です。業務多忙の中，社会経験・職業経験があるからといって放置しておいたことが原因です。

　役職者の側から見ると，職員人数が少なく，業務が多忙で，しかも社会経

験・職業経験のある新任職員ということで，特段育成をしなくとも大丈夫だろうと思っていたのかもしれません。ところが，岩井さん個人の人生観・価値観で福祉観・障害者観ができあがってしまったのです。こうなると，中西課長があるべき姿を伝えてもなかなか理解してもらえません。

　岩井さんからすると，「自分なりに社会経験を活かして利用者とかかわっている」「これまで私のことを放置しておいて，いまさら何を」といった想いを抱いていることでしょう。しかも，年下の職員から一方的に否定された，自分の想いを理解してもらえていない，といったマイナスの感情を中西課長に抱いたのです。

　社会経験・職業経験のある方ですから，自分なりの仕事スタイルができてしまうと，それを変更することは難しいのかもしれません。職責上は上司であっても，岩井さんよりも若い年齢の中西課長が注意・指摘しても聞き入れてもらえない恐れがあるでしょう。

　このまま放置しておけば，虐待といった利用者の人権侵害にもなりかねません。福祉の現場は，人と人とのかかわりなのですが，それだけでは不十分です。利用者の障害特性や一人ひとりの利用者の人としての理解，すなわち個別性を尊重したかかわりが求められているのです。ところが，悪気がない岩井さんだけに，「虐待行為に当たりますよ，人権侵害に当たりますよ」と言われると，「一生懸命に利用者とかかわっているのに，なぜそのようなことを言われなければならないのか」といった疑問や反発感を抱くだけです。

　本事例は，岩井さんのこれまでの社会経験・職業経験で培ってきた知恵・知識・技能を十分に活かしきれていない事例だといえます。岩井さんにあるべき姿を押し付けるのではなく，岩井さんがこれまで培ってきた知恵・知識・技能を上手く活用できるような育成方法を，検討する必要があります。

事例2　新任職員育成を怠ったために退職してしまった事例

　飯塚さん（男性，19歳）は，この春に高校を卒業して障害者支援施設の支援員として就職しました。元々おとなしい性格ではあったのですが，真面目な職員です。

3

数日間の事前研修を受けた後に現場に配属されました。飯塚さんは，こだわりの強い重度知的障害の利用者のユニットの担当となりました。最初は日々の業務を覚えることに精一杯の状況で，重度の障害のある利用者とのかかわり方も分からず，1日の日課を何とかやり遂げることに追われていました。

　しかし，中々仕事をスムーズに遂行できず，戸惑うばかりです。分からないことがあれば，先輩職員も丁寧に教えてくれますが，その時はできても別の機会では上手くいきません。先輩によって指導内容が異なっており，どう振る舞ったらよいのか分からなくなっています。利用者との関係を形成することもできないまま，数カ月が経ちました。先輩職員から，「同じミスが多い」「早く仕事を覚えてほしい」「あの新任とペアを組むのは嫌だ」といった声が聞こえてくるようになりました。

　飯塚さんは，丁寧に教えてくれていた先輩方の態度も厳しくなり，時には冷たく感じることさえあります。とっさの時にどう動いたら良いのか分からない，間違った動きをして先輩職員に叱られるのではないかと不安が先立ち委縮してしまって，さらにミスが目立つようになりました。

　先輩職員との関係もぎくしゃくしてきました。先輩職員に相談したい，指示を仰ぎたいと思うのですが，「前にも説明したでしょ！」「その程度のことは自分で考えて！」といった答えが返ってきそうで，誰にも相談することができません。

　そんなある日，飲み薬を誤って別の利用者に配布して飲ませてしまったのです。幸い，大きな問題にならず事なきを得たのですが，上司や先輩から相当きつく注意されました。このことがきっかけで仕事を休むようになり，就職して1年も経たないうちに退職してしまったのです。

　本事例は，学校を卒業後に社会経験もなく，福祉の仕事に初めて従事する若い職員が1年未満で退職してしまった事例です。先輩職員からすると，丁寧に仕事は教えたにもかかわらず一向に仕事を覚えない，分からないことがあれば質問してくれたらよかったのに，少ない職員数の中での業務なので，ある程度のことは自分で考えて動いてほしい，飯塚さんの方が自分で殻に閉じこもってしまった，仕事に対する意欲を感じられない，致命傷ともなりかねないミスを犯した，と思っているかもしれません。

　しかし事例にある職場は，新任職員に対し全くと言ってよいほど教育や育成の機会もなく，いきなり即戦力として仕事に従事させているのです。数日間の

事前研修とその都度の先輩職員の指導は見受けられますが，体系立った育成はできていません。研修体系が整備されておらず，業務多忙を理由に初めて社会で働く新任職員を放置していたのです。

　飯塚さんは，どのような想いだったのでしょうか。体系立った指導を受けていない中で，何をどうすれば良いのか分からなかったのです。最初は先輩方に丁寧に教えてもらっていますが，必ずしも教えてもらった通りに物事は進みません。先輩職員によって，教え方が異なっています。重度の知的障害のある利用者とのかかわり方にも大いに戸惑っています。一方で，先輩職員の自分に対する厳しい，あるいは冷たい態度を感じています。誰に相談すれば良いかが分からなかったのです。おとなしい性格であるがゆえに，積極的に質問することが苦手だったのかもしれません。先輩職員や上司との人間関係も上手くいっていません。孤独感を抱いたことでしょう。

　このような中，誤薬というミスを犯してしまいます。飯塚さんは，自分のミスであることは承知しているでしょうが，一方的にきつく注意されたという不信感，一歩誤ると利用者に多大な迷惑をかける恐れがあるという恐怖感から，出勤することができなくなってしまったのです。真面目であるがゆえに，ミスを犯すことで自分を責めたり自信を無くしたりしたのかもしれません。これまでの積み重ねの上に誤薬ということがきっかけとなり，退職してしまったのです。

事例 3　仕事を中々覚えられない新卒の新任職員に教育係を付けた事例

　山中さん（女性，20歳）は，この春に介護福祉士養成の専門学校を卒業して特別養護老人ホームの介護職として働き出しました。法人内の新任職員研修を 3 日間受けた後，現場に配属されました。配属された数日間は，チームリーダーである渡辺さん（女性，45歳）から施設の 1 日の流れや具体的な業務内容について教わりました。その後，渡辺リーダーと行動を共にしていました。

　渡辺リーダーは丁寧に仕事内容や進め方を教えているのですが，リーダー業務がある時は山中さんに業務を指示し別行動となります。常に行動を共にしているわけではないので，一通りの業務の説明を受けた後は，日替わりで先輩職員に同行して

仕事を覚えることとなりました。ところが，先輩職員によって指示の内容や仕事の進め方が異なっているので，山中さんは時折何をどうして良いのか分からなくなります。結局その時々に指示される業務を見よう見真似で行うのですが，これでよいのかと不安になります。

　特に，認知症の利用者とどうかかわってよいか分からず，不適切なかかわりとなることもあります。時には利用者とトラブルになることもあります。渡辺リーダーは，山中さんに認知症の理解を深めてもらいたいと思い，社会福祉協議会が主催する「認知症の理解とかかわり方」というテーマの1日研修に参加させました。

　渡辺リーダーから，「研修で学んできたのだからそれを踏まえて現場で活かして下さい」と言われるのですが，研修で学んだ通りにはいかないのです。山中さんは，1日研修で概論だけを学んでも，かえって混乱するだけです。研修での学びをそのまま利用者とのかかわりに応用することができず，我流でかかわっています。そうすると，利用者が不安定になったり，かかわりを拒否したりすることもあります。

　山中さんの不安が募る中，失敗が重なります。先輩職員から「人手が足りない中，早く仕事を覚えてほしい」といった声が聞こえてきたり，利用者からも「ちゃんとして下さい」と注意されることがあったりします。できるはずの業務ができないこともあり，山中さんに自身に焦りが見られるようになりました。山中さんは，すっかり自信を無くしてしまいました。利用者とかかわることができず，日常業務そのものも覚えることができません。

　このような山中さんの様子を心配した渡辺リーダーは，山中さんに「大丈夫ですか？」と声を掛けるのですが，山中さんは「大丈夫です」と返事するだけです。しかし，どう見ても大丈夫ではないのです。渡辺リーダーは，チームリーダーと新任職員とでは，職責上の上下関係となっており，悩みを十分打ち明けにくいのではないか，日々の業務についても気軽に質問しにくいのではないかと思い，3年目の井本先輩（女性，23歳）を教育係に任命しました。

　本事例は，新卒の新任職員に対して適切な指導育成ができていないことへの反省から教育係を付けた事例です。渡辺リーダーからすると，当初自分が教育係で，日常業務の基本は伝えたつもりだったのでしょう。また，外部の研修にも派遣し学習の機会を与えたのだから，自分でしっかり学んで仕事に応用すべきだと思ったのでしょう。

　しかし，このことは見方を変えると，次のような解釈になります。新卒の山

中さんは仕事そのものがまったく分かっていないのに，職場が簡単な研修だけ
で済ませています。そして，外部研修に参加させただけで，職場内でのフォロ
ーが十分できていないのです。渡辺リーダーが指導役となっていますが，勤務
のすれ違いから十分な指導育成ができていません。外部の研修に派遣したから
といって，すぐに職場で活用できるわけではないのです。外部研修での学びを
職場に活用するための橋渡しが無かったのです。

　山中さんからすると，何をどうすればよいのか分からない，誰に聞けばよい
のか分からないのです。日によって指導者が替わると，指導者によって指導内
容や方法が異なり，新任職員は戸惑います。昨日指導を受けた先輩職員に言わ
れた通りに仕事をしていても，今日指導を受けている先輩職員から「そのよう
な方法はダメ」と言われてしまうと，誰の指示に従ったらよいのか分からなく
なります。仕事を覚えよう，利用者と丁寧にかかわっていこうと思っていても，
それができないのです。利用者とのかかわりにおいても，1日だけの外部研修
では十分な知識やスキルを学ぶことができず，かえって混乱してしまうのです。
山中さんの焦りや不安から，できるはずの業務ができなくなるという悪循環に
陥ってしまったのです。

　そのような状況の中，先輩職員からの指摘や利用者からの苦情が表面化しま
す。山中さんは，また失敗するのではないか，利用者から苦情を言われるので
はないか，といった不安から委縮してしまい，何もできなくなっているのです。
渡辺リーダーが声掛けをするのですが，山中さんは自らを閉ざしてしまい，悩
みを打ち明けようとしません。下手をすると，退職の恐れがあります。

　そのことを案じた渡辺リーダーは，相談窓口を一本化し指導者を固定するた
めに3年目の井本先輩を教育係に任命したのです。本事例では，山中さんが孤
立したり退職したりする前に，何とかサポートする態勢が取られ，今後の動向
に期待を寄せることができそうです。

事例4　先輩職員が新任職員の指導・教育係として育成を行っている事例

　井手さん（女性，20歳）は，短大の保育科を卒業後，この春に児童養護施設に就

7

職しました。4年先輩の増田さん（女性，24歳）が教育係として井手さんの育成担当となりました。この児童養護施設では，数年前から職員の離職率の低下と専門性向上を目的として新任職員には1年間，先輩職員が教育係として付くことになっています。誰に指導を受ければよいのか，誰に相談すればよいのかを明確にするために，指導・相談窓口を一本化しているのです。そして，社会人としてのマナー，日常業務の習得，入所児童の保育，保育士としての目指すべき姿などいくつかの項目を設定し，職員育成の手引きに沿って，職員としての成長を目指してマンツーマンで相談，育成しているのです。

　教育係の増田さんは，可能な限り井手さんと同じ勤務シフトで指導しています。井手さんと同じ業務に従事することで，業務の流れや具体的な進め方，入所児童へのかかわり方について模範を示したり説明・指導したりします。また，相談に乗ったりもします。とりわけ増田さんは，井手さんの有する力量にも着目し，井手さんの得意とすることや強みを見出し，井手さんにフィードバックしています。井手さんとの話し合いの中でも井手さんの想いをできるだけ引き出し，尊重するかかわりを心がけています。

　同じ動きをしているからこそ，増田さんは井手さんの状況を見ながら的確に指導できます。井手さんも気軽に質問することができます。時には，どのような保育士を目指しているのか，どのような職員になりたいのかといった先を見越した話し合いもしています。

　勤務シフトが異なる場合は，他の職員にフォローをお願いしたり，別途，井手さんと振り返りの面談を行ったりするなどサポート体制を取っています。

　本事例は，新任職員に一定期間教育係を付けて職員育成を行っている施設の事例です。増田先輩は，職員育成の手引きがあるので，系統立てて井手さんの指導を行うことができます。また，勤務シフトを同じにすることで，増田先輩は，井手さんの状況を把握することができます。指導・相談の窓口を一本化することで，一貫した相談・育成が可能となるのです。

　とりわけ増田さんは，井手さんのストレングスに着目し，そのことを井手さんにフィードバックしています。そして，井手さんのストレングスを引き出し発揮できる育成を心がけています。

　井手さんは，社会人になり保育士として成長していきたいという希望を抱い

ているでしょう。一方で，職場に馴染めるだろうか，仕事を覚えられるだろうか，短大で学んだ専門知識や技能を活かせるだろうかといった不安を抱えていることでしょう。このような想いの中，マンツーマンで先輩職員が指導してくれることで，自分を大切にしてくれている，仕事をスムーズに覚えることができる，困ったことがあれば相談できる先輩がいる，しかも自分の強みを評価してもらっている，といった安心感や職場に対する信頼感が醸成されることでしょう。そのことが，仕事に対する前向きな姿勢につながることでしょう。

　これらの事例から，職員育成を実施している職場とそうでない職場との違いが明確に表れています。「鉄は熱いうちに打て」という諺があるように，採用した職員を職場の中で指導育成していくことが重要となります。しかも，職員育成において，未熟な職員を育成していくという観点ではなく，職員の有するさまざまな力量を引き出す育成という観点は，とても重要といえます。では，なぜ職員育成が重要なのか，どのように育成を実施していけばよいのかについて，さらに詳しく見ていきたいと思います。

2　職場の中での職員育成

（1）3つの研修スタイル

　職員育成のための研修スタイルは，大きく次の3形態に分類できます。

①　職務を離れての研修（Off-JT: Off the Job Training）。
②　職務を通しての研修（OJT: On the Job Training）。
③　自己啓発支援（SDS: Self-Development System）。

　職務を離れて外部の研修に職員を派遣したり，職場内であってもあるテーマについて職員が一同に集まって学んだりする研修スタイルを Off-JT といいます。このスタイルの研修は，専門家が一度に多くの人に知識や情報を伝えるこ

とができるといったメリットがあります。また，他の職場の受講生と情報交換や意見交換ができ，自分たちの取り組みを披露し評価を得たり，他の職場の取り組みを聞いて参考にしたりするなど刺激を受けることができます。職場内のOff-JTでも同様に，他の職員と意見交換・情報交換することができ，お互いに評価し合ったり刺激し合ったりできますし，相互理解にもなります。これらは，明日からの仕事の活力源になることもあるでしょう。

　しかし，Off-JTは多様な受講生が参加するため，単発で標準的な内容や原理原則を伝達することしかできず，受講生一人ひとりのニーズに応えることはできません。本来，研修で学んだ原理原則を業務にどう活かすかといった橋渡しが不可欠なのです。例えば，利用者支援・ケアに関してみてみましょう。利用者支援・ケアの原理原則が土台となります。しかし，利用者の状況はさまざまで，原理原則を単純に当てはめるだけでは適切なかかわりができるとは限りません。原理原則を踏まえ，一人ひとりの利用者にどうかかわっていくのかが問われてくるのです。きわめて個別に対応していかなければならないのです。

　他の業務でも同様で，その職場固有の状況があり，業務に関する原理原則を踏まえつつも職場の状況に応じて対応しなければなりません。そこで，職場の業務に直結する形での研修スタイルが不可欠となるのです。これがOJTで，仕事をしながら研修を実施するスタイルです。

　そして，職員の意欲・やる気を職場として支援する仕組みがSDSです。職員が仕事に関連する資格を取りたいと思った時に教材を職場で購入する，学習するための部屋を開放する，必要な資格受験のための受験料を職場が補助するといったことが挙げられます。

　これら3形態の研修スタイルがうまくかみ合って，職員育成が機能するといえるでしょう。

（2）職員育成の取り組み状況

　皆さんの職場の職員育成は，どのような状況でしょうか。振り返ってみましょう。

① 法人（職場）の中で新任職員研修を数日間実施している。

② すべての職員を対象に年に数回職場内研修を実施している。

③ 外部の研修に参加させている。

④ 必要に応じて，上司や先輩が指導・教育したり相談に乗ったりしている。

⑤ 体系立った研修や職員育成のプログラムができている。

⑥ 研修体系はできていても，研修そのものが上手く機能していない，あるいは形骸化している。

⑦ 研修体系に沿って職員育成がなされている。

⑧ 新任職員などの初任者に対して教育係（エルダーなど）を決めて，一定期間（3カ月〜1年間）個別指導を実施している。

⑨ 年に1〜2回，役職者が面談を実施し，職員の成長の度合いを確認している。

⑩ 研修での学びや気づきを利用者・利用児童（以下，利用者）の支援・ケアに活かそうとしている。

　多くの職場は，①〜④については実施しているのではないでしょうか。先程紹介した事例の中でも，外部の研修に派遣したり，必要に応じて先輩職員や上司が新任職員に指導したり指示を出したり，相談に乗ったりしています。これらのことは，職員育成を実施しているとも言えます。こう考えると，職員育成を全く実施していない職場というのはほとんどないはずです。いわば，どの職場でも何らかの形での職員育成は実施されているのです。

　問題は，外部研修での学びが仕事とつながっていなかったり，先輩や上司の指導育成がその場限りの場当たり的な対応で計画性が無いことにあるのです。そこで，後輩や部下の指導・教育を行っている，相談に乗っている，ということをより一層意識して計画的に行うことで，より体系立った職員育成になるのです（図表序-1）。

図表序 - 1　外部研修の学びを生かせる環境づくりが重要

外部研修の学びを職場に
活用するための橋渡しに
なるOJT担当者がいる

研修で学んできたこ
とを現場でどう活用
すればよいか分から
ない

研修で学んできたこ
とを，現場でどのよ
うに活用できるかを
考える

研修と現場の
架け橋となる

悩んだ時，相談・質問
できる人がいない

何をどうすればよいか
分からない

悩んだ時，相談・
質問できる人がいる

焦りや不安から，でき
るはずの業務ができな
くなる

学びを現場に活用
し，業務に活かす
ことができる

3　OJT の重要性と意味

（1）職員育成の意識化

　読者の中には，「私の職場は職員間でコミュニケーションが適切にとれてお
り，職員育成も十分できている」と思われた方もおられるかもしれません。し
かし，次に紹介する事例にあるように，同じメンバーで，未来永劫，仕事がで
きるわけではないのです。

事例5　開設メンバーが減り OJT を行う必要性が生じた事業所の事例

　7年前に開設した児童デイサービスの事業所です。開設当初の職員は，日中のプ
ログラムや仕事の進め方について何度も話し合いをし，ある程度の共通認識ができ
ていました。職員数もそれほど多くなく，職員同士の共通認識と信頼関係のもと，
順調に仕事が進められていました。
　数年が経過し職員も入れ替わり，開設当初の想いを共有できる職員も少なくなり
ました。支援に対する考え方の違いで職員同士がぶつかったり，情報の共有が十分
できておらずミスやトラブルが生じたりします。「これくらいのことは，分かって

いるだろう」といった暗黙の了解が通用しなくなったのです。新しく入ってきた職員の育成も十分できていない状況です。先輩や上司がその都度必要に応じて指導するのですが，「○○して下さい」といった一方的な伝え方になっており，それでは立ちいかなくなりました。事業の形態上，正規職員だけでなく，多様な雇用形態の職員が勤めており，職員育成を入念に行う必要性が生じてきました。

　本事例は，開設から7年が経過し，職員の入れ替わりにより意思の疎通が十分できなくなったため，職員育成の必要を迫られた事業所の事例です。開設当初は，職員の人数も少なく，何かあれば職員同士，すぐに情報を共有し，同じ想いで業務が進んでいたのです。職員数が少ないからこそ，体系立った研修を必要としなかったのです。

　ところが年数が経過し，職員の入れ替わりとともに，開設当初の共通認識や職場の常識が通用しなくなったのです。開設当初の職員と新たに入職した職員との間には意識のズレが生じているのです。そのズレを埋めるため，古参の職員が新たに入職した職員にいろいろなことを伝えています。しかし体系立った伝え方ではなく，その場その場の断片的な伝え方だったり一方的な伝え方だったため，十分な共通認識に至っていません。

　多様な雇用形態，多様な経験を有する幅広い年齢層の職員が入ってきます。当然，いろいろな考えも出てきます。トラブルやミスも生じています。その場限りの断片的な指導だけでは不十分になってきたのです。

（2）職員育成の重要性

　新任職員が先輩の仕事ぶりを見習いながら独力で仕事を覚える，というだけでは不十分です。また，職員育成を外部の研修のみに依存したり，その場限りの場当たり的な指導・教育に終始したりするだけでも不十分です。先輩や上司の仕事ぶりを見て学ぶということも大切ですが，育成を怠ると，新任職員は戸惑い，十分仕事を覚えることができなくなってしまいます。最悪の場合，事例2のように退職してしまう恐れがあります。せっかく採用した職員が短期間で退職してしまうのは，実に残念です。新任職員は，福祉の仕事に魅力を感じ期

待を寄せているのです。その志を実現できるように，職員が定着するような職場にしましょう。

　事例1のように我流で仕事を進めることが当たり前になると，職場として一貫性のある支援・ケアができません。個々の職員の考えだけで動くと，対応がばらばらとなり，利用者は混乱するばかりです。ある職員は「支援・ケアの一環だ」と言い，別の職員は「あのような対応方法は虐待だ」となってしまいます。

　こうなると，問題はさらに深刻になります。職員間に葛藤が生じ，チームワークが保たれません。利用者に不利益をもたらし，福祉サービスの質の低下につながりかねません。ここに，職員個人の想いだけで仕事をしてはいけない最大の理由があるのです。このような事態に陥らないために，職員を職場が求める職員へと育成していきましょう。職員育成は，職場全体で取り組む課題なのです。

（3）OJT が重要視される理由

　近年，福祉職場の職員育成において OJT が注目されつつあります。主な理由は以下の通りです。

① ほとんどの職員（特に経験年数3年未満の初任者）は，仕事上で悩んだり行き詰まったりした時，先輩や上司に相談するでしょう。業務のことをよく分かっている先輩や上司に相談することで，自分の置かれている状況を理解してもらえ，業務に直結したアドバイスや具体的な指示がもらえるからです。

② 仕事を覚える際に意識的であれ無意識的であれ，先輩や上司の仕事ぶりを見て模倣しようとします。あるいは同じミスを起こさないように，悪い見本を見習おうとしません。先輩や上司は，一種の役割モデルになっているのです。

③ 職場固有の問題，職場で培われたノウハウがあります。これらは原理

原則だけでは修得できません。仕事を通して先輩や上司から指導やアドバイスを受けることで現実問題に則した理解につながっていくのです。

④　職員は日常業務の中で先輩や上司に誉められたい，認められたいという願望があります。先輩や上司は普段の自分の仕事ぶりを見てくれている，見守ってくれている，自分の取り組みを分かってくれている，評価してくれている，という安心感があるからこそ，仕事に自信ができ，意欲が湧いてくるのです。それほど先輩や上司は部下や後輩に影響を及ぼしているのです。

⑤　しかも一定期間継続的に，それぞれの職員の有する力量の度合いや成長の度合いに応じて個別の指導育成が可能なのです。

以上のことから，仕事をしながら先輩や上司から直接指導を受けることは業務の修得に大きな効果があるといえます。人は，仕事を通して成長するといわれています。先輩や上司の仕事ぶりを見て独力で学ぶのではなく，役割モデルがそばにいながら指導を受けることに大きな意味があるのです。このようなことから，OJT は非常に注目されています。

（4）OJT の意味

仕事を通して先輩や上司が部下や後輩職員を育成することを，OJT（On the Job Training）といいます。OJT の意味を整理すると，次のようになります。

①　先輩や上司が部下や後輩（個人および集団）に対して行うもの。

②　日常業務の中で行う職務を通じての育成方法。

③　業務に必要な態度・価値観，知識・情報，技能など職員の育成に必要な点を職場が期待する職員像（他者期待）と職員自ら目指す職員像（自己期待）の観点から整理して行うもの。

④　整理された事柄の指導，教育，相談，支援などを行う活動。

⑤　①〜④の活動を意図的，計画的に行うもの。

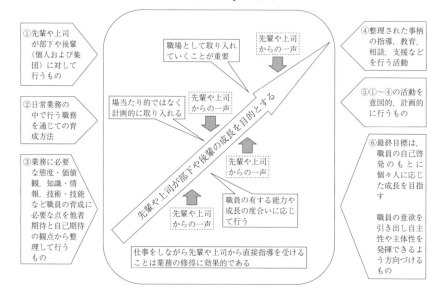

図表序 - 2　OJT の意味

①先輩や上司が部下や後輩（個人および集団）に対して行うもの

②日常業務の中で行う職務を通じての育成方法

③業務に必要な態度・価値観，知識・情報，技術・技能など職員の育成に必要な点を他者期待と自己期待の観点から整理して行うもの

職場として取り入れていくことが重要

場当たり的ではなく計画的に取り入れる

先輩や上司からの一声

先輩や上司からの一声

先輩や上司からの一声

先輩や上司からの一声

先輩や上司が部下や後輩の成長を目的とする

④整理された事柄の指導，教育，相談，支援などを行う活動

⑤①～④の活動を意図的，計画的に行うもの

⑥最終目標は，職員の自己啓発のもとに個々人に応じた成長を目指す

職員の意欲を引き出し自主性や主体性を発揮できるよう方向づけるもの

職員の有する能力や成長の度合いに応じて行う

仕事をしながら先輩や上司から直接指導を受けることは業務の修得に効果的である

⑥　最終目標は，職員の自己啓発のもとに個々人に応じた成長を目指すもの。いわば，職員の意欲を引き出し自主性や主体性を発揮できるよう方向づけるもの。

　OJT は，先輩や上司が部下や後輩に一言声をかけるところから始まるのです。職場の中で，先輩や上司が仕事と直結させながら部下や後輩の指導・教育することで，より効果的な職員育成につながるのです（図表序 - 2）。

（5）OJT 担当者は「聞ける人」であり「教えてもらえる人」

　OJT では，職務上の上下関係だと堅苦しいため，お兄さん・お姉さん的な存在で斜めの関係にあり，気軽に相談しやすい，日常業務も共に過ごすことの多い先輩職員を教育係に付けることが大切だといわれています。新任職員にとって，先輩職員はまさに「聞ける人」であり「教えてもらえる人」なのです（兵庫県社会福祉協議会社会福祉研修所 2012：2）。これをエルダー（メンター・チュ

図表序 - 3　エルダー制度

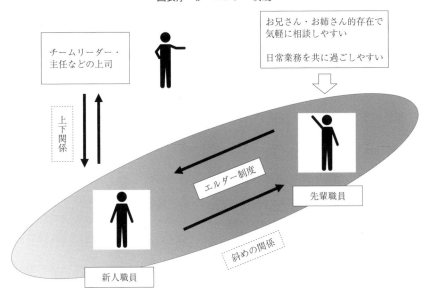

ーター・プリセプター）制度といいます（図表序 - 3）。

　ただ，職場の人員配置などの関係上，先輩職員ではなくチームリーダーや主任が直接新任職員や部下の教育係に付くこともあります。なお，本書では，この職員の教育係を総称して OJT 担当者と呼ぶこととします。

　長い職業人生の中で行き詰まったり悩んだりすることもあるでしょう。しかし，壁にぶち当たりながらも，職場が職員を育成したりサポートしたりする風土や仕組みがあることで，職員は職場の一員であることに誇りを感じ，仕事に対して前向きな姿勢で臨むことができるようになるのです。

4　OJT 担当者の成長

　OJT は，福祉サービスの質の向上のための職員育成が目的です。しかし，思わぬ副産物があるのです。それは，OJT 担当者自身の成長なのです。人に何かを教える・伝えるとなると，不十分な仕事ぶりではいけないのです。うろ

覚えの知識・情報を正確に確認し直す必要があります。部下や後輩は自分の仕事ぶりを見ているので，模範を示そうとします。仕事の意味や進め方について考えるようになります。また，教える・伝えるということは，職員とのコミュニケーションなのです。うまく伝わらないとしても，相手の職員の理解不足で片づけては進展がありません。相手の職員が理解，納得できるように，どうすれば伝わるのかと悩むことでしょう。表現方法を考え直すでしょう。相手の職員に伝わるコミュニケーション方法を模索することでしょう。相手の職員の想いを理解する必要もあります。相手の職員との関係のとり方も考えることでしょう。これらの取り組みによって，OJT 担当者の対人関係能力・コミュニケーション能力が向上します。すなわち，OJT 担当者は苦労すればするほど悩み，考えるため，成長しているのです。

Check Point !

▷　職員育成は，ほとんどの職場で実施されています。しかし，その場限りの対応になっていないでしょうか。職員育成を意識し，計画性のある育成が行われているかどうかを振り返ってみましょう。

▷　職場ぐるみで職員育成を実施することで，職員の離職率の低下，福祉サービスの質の向上につながります。

▷　職場の中で，仕事を通して先輩や上司が部下や後輩に対して行う指導育成を OJT と言い，近年，福祉の職場で大いに注目されています。

▷　OJT 担当者は，職員にとって「聞ける人」「教えてもらえる人」であり，指導・相談の窓口にあたります。

▷　OJT 担当者が苦労すればするほど自身の成長につながっているのです。

第Ⅰ部　OJT の考え方とその方法

第 1 章	利用者支援・ケアを優先できる職場風土の醸成 ──なぜOJTを導入すべきなのか

── 本章のねらい ──

　第 1 章では，職員育成の目的はどこにあるのか，そして職員育成のゴールはどこにあるのかについて整理しています。職員育成の最大の目的は，職員が一人ひとりの利用者を大切にした支援・ケア，利用者の個人の尊厳を尊重した支援・ケアを実践できるよう成長することにあります。対人援助サービスにおいては人と人とのかかわりが重要視されることから，まさに「人を育てる」ということにつきます。利用者支援・ケアを重視した業務形態にするという職場風土，職員を職場の中で着実に育成するという職場風土を醸成することが極めて重要となるのです。

1　職員育成の目的

（1）職員育成の 3 つの意義

　職員育成には，利用者支援・ケアの質を高めるといった最善の福祉サービス，組織の成長，職員の豊かな職業人生という 3 つの意義があります（図表 1 - 1 ）。3 つの要素がうまく絡み合い，プラスの相乗効果が期待されています。

（2）利用者支援・ケアの質を高めるための職員育成

　上記の 3 つの意義を踏まえて，利用者の自立生活支援や利用者本位の支援を担うことのできる職員へと成長を促すことが極めて重要となります。研修体系や職員育成プログラムを整備することが目的ではありません。

事例 6　体系立った職員育成プログラムが実践につながっていない事例
　小島さん（男性，22歳）は，大学で社会福祉を学び社会福祉士国家試験にも合格

図表 1 - 1 職員育成の意義

利用者にとって最善の福祉サービスを提供するために	・複雑化・深刻化、さらには多様化する福祉ニーズに対応するために、より質の高い福祉サービスの提供が求められています。
組織やチームを効果的・効率的に運営し、成長するために	・職場の基本理念や運営方針に基づき、福祉サービスの質の向上を目指し、組織が活性化し、安定・前進していくために組織力を高めていきます。
一人ひとりの職員にとって職業人生が豊かで充実したものとなるために	・職員の専門性向上や組織人としての自覚を高め、意欲をもって仕事に取り組んでいくことが求められています。職場をより良い方向に導く原動力となるとともに、職員一人ひとりのキャリアパスに即したキャリアアップを目指していきます。

出所：全国社会福祉協議会編（2016：2-3）を基に筆者作成。

　し、4月から障害者支援施設に支援員として働き始めました。母体となる社会福祉法人は、大規模で安定していること、階層ごとの役割や求められる能力が明記されており、研修体系などの職員育成の仕組みが整っているとのことで、自分の専門性を活かせるのではないかとの想いから、就職を決めました。

　法人内の新任職員研修では、法人の基本理念や運営方針、障害者の人権、利用者に丁寧に寄り添うことの大切さ、福祉職員としての心得について学び、その後現場に配属されました。職場では4年目の田中先輩（男性、26歳）が指導係となり、日常業務について指導してくれます。また、職場内研修や外部研修にも参加することとなっています。そのほか、年に2回、主任との面談があり、業務の振り返りと今後の取り組みについて話し合う機会もあります。このように、キャリアパスを意識した職員育成プログラムが整っています。職員育成に力を入れている法人で小島さんの期待も高かったのです。

　ところが、新任研修を終え現場に配属され驚きました。先輩方は一方的に利用者に指示を出すだけで、利用者に寄り添ったかかわりができていないのです。職員主導で日課が進んでいくのです。教育係の田中先輩に質問すると、「理屈はそうかもしれないけれど、実際は違うよ」と言われ、大学や新任職員研修での学びと実際の違いを目の当たりにしたのです。

　社会福祉士として、これでよいのかと疑問に感じ、主任に相談しました。すると主任からは「問題意識を持つことは大切なことですよ」と励ましてもらったのですが、ではどうすればよいのか、職場がどのような取り組みを試みているのかについてのコメントはありませんでした。いつか自分も、職員主導で利用者に対し横柄に接する職員になってしまうのではないかと不安を感じ始めています。かといって、忙しい業務の中で利用者に寄り添った支援を、どのようにすればよいのか分かりま

せん。研修で学んだ素晴らしい内容が現場で実践されていないことにためらいを感じつつも，1人で業務を行うようになったらどうすればよいのか悩んでいます。

　本事例は，研修体系や職員育成プログラムは整っているのですが，その学びが現場に反映されていないことが問題となっている事例です。研修を実施すること，主任との面談そのものが目的となっています。指導係の田中先輩は，研修での学びはあくまで理想の姿であり現場の実情との差異は仕方ないことなので，早く現場に慣れてほしいと思っているのです。

　小島さんは，利用者支援・ケアの本質を踏まえた実践ができると思っていたのです。より質の高い支援・ケアを目指している職場だと確信して入職したのです。そして，社会福祉士として専門性を発揮したいと思っていたのです。職場の育成プログラムに沿って切磋琢磨することで，専門職として成長できると期待していたのです。ところが，研修体系や職員育成プログラムが整備されていても，利用者不在の支援・ケアを目の当たりにした小島さんは，大いに戸惑ったことでしょう。自分自身，どう利用者と接していけばよいのかを見出せないのです。さらに理想と現実に差はあっても，理想に近づいていこうとする取り組み姿勢や熱意を先輩職員の中に見出すことができず，失望してしまったのです。

　研修は何を目的にして実施するのか，すなわち職員育成の到達点はどこにあるのかを原点に立ち返って考え直すべきでしょう。

　立派な研修体系や職員育成プログラムが整備されていても，現場に目を向けると，職員主導で日課が進められて，利用者不在の支援・ケアが行われているとするならば，それは本末転倒といえます。職員育成は，より質の高い福祉サービスを提供すること，すなわち，利用者一人ひとりを大切にした支援・ケア，利用者の意思を尊重した支援・ケア，利用者に寄り添った支援・ケアにつなげていくことに目的があるのです（図表1-2）。そのために，利用者の言動の背後にある事柄を含め，利用者の心身の状況を理解しようとする姿勢が重要となります。

図表1-2　職員育成の目的

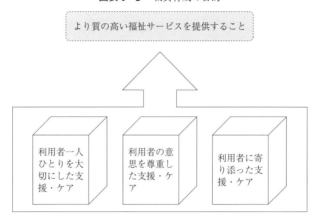

　そのことができてこそ，職員育成プログラムは生きたものとなるのです。このことを踏まえて，職員育成はどうあるべきかを考えていくべきです。そうしないと淡々と定型業務を消化している職員（集団）となるのか，利用者の生活や権利利益を守り，自立生活支援を担っている専門職としてのアイデンティティをもった職員（集団）となるのか，たどる途は大きく変わってくるのです。

2　質の高い福祉サービスの拠り所

（1）時代のニーズに応じた質の高い福祉サービス

　福祉施設・事業所の提供する福祉サービスは，最低基準を遵守していた時代から，より質の高い福祉サービスを提供する時代へと移っています。近年，社会福祉を取り巻く問題は複雑化・深刻化しつつあります。痛ましい事件も起こっています。このような問題を未然に防いだり，適切に対応したりするには，より高度な専門性を兼ね備えた専門職の養成が喫緊の課題となっています。

　利用者本位，個人の尊厳の尊重，権利擁護，処遇から支援へ，利用者の意思の尊重，個別支援・個別ケア，ストレングス視点といった用語が強調されるようになりました。利用者を一人の人として尊重し，一人ひとりの利用者を大切

にした支援・ケアが求められています。また利用者の日常生活支援・ケアに終始するのではなく，その積み重ねを通して利用者が自分らしさを発揮できる生活の支援，すなわち自立生活支援を意識していかなければなりません。

　さらに近年では，福祉施設・事業所には地域貢献・社会貢献が求められ，それぞれの地域においてどのような役割を担うべきかを考えていかなければなりません。そこで，時代のニーズに応じたより質の高い福祉サービスの提供が求められています。

（2）利用者支援・ケアの価値と法人（職場）の基本理念・運営方針の重要性

　質の高い福祉サービスの根拠となるのが，①利用者支援・ケアの価値および②法人（職場）の基本理念・運営方針だといえます。

　私たちはこれまで何十年と生きてきて，さまざまな環境の下で多様な経験を積み重ね，自身の価値観や人生観を身に付けています。そして，それぞれの福祉観や支援・ケアに対する考えも身に付けています。多様な価値観，考え方があって良いのです。しかし，この個々人の考えを優先していては，職場としてまとまりません。役職者が単に，「職場としてこう対応していきます。その考えに従って下さい」と言っても説得力に欠けます。

　そこで，①社会福祉の理念とも言える利用者支援・ケアの価値と，②法人（職場）の基本理念や運営方針を職員間で共有しましょう。利用者支援・ケアの価値と法人（職場）の基本理念や運営方針は，職員が同じ考えで業務に従事するための根拠となるのです。そして，職員が仕事をする上での思考や行動の拠り所となるものなのです。

　各職員は，個人の価値観・人生観と利用者支援・ケアの価値や法人（職場）の基本理念・運営方針との間で揺れ動き，どう考え，どう振る舞えばよいのか，悩み，葛藤するでしょう。そこで，職場として共通認識を持ち，同じ方向を目指して進んでいくべきなのです。利用者支援・ケアの価値や法人（職場）の基本理念・運営方針に基づいて，職場の福祉サービスのあり方や中身を具体的に考えていくのです。利用者支援・ケアの価値や法人（職場）の基本理念・運営

図表 1-3　価値基準の共有

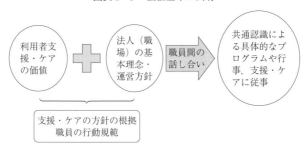

方針に沿った思考や言動のとれる職員集団とならなければならないのです。む
ろん，すべての職員が全く同じ考えのもと，同じ言動になるわけではありませ
んが，同じ価値基準を拠り所として，どう振る舞うべきかを話し合い，さまざ
まなプログラムや行事を展開したり，利用者支援・ケアに従事したりすること
が重要となるのです（図表 1-3）。

（3）利用者支援・ケアの本質——人権尊重・個人の尊厳の尊重・肯定的人間観

　利用者支援・ケアの価値とは，利用者支援・ケアの最も大切な考え・根底に
ある考えを指します。具体的には，人権尊重，個人の尊厳の尊重，利用者の潜
在能力や能動性の確信といったことです。これらのことを抜きにして福祉の仕
事は成り立ちません。

　利用者は，私たち職員と同じ一人の人間です。当然，人権を有する存在です。
この人権意識を確実に身に付けることが何よりも重要で，職員育成の第1歩だ
といえます。利用者は，一人の人として尊い存在であり，かけがえのない存在
なのです。そして，さまざまな可能性や潜在能力を有するとともに，能動的・
主体的な存在なのです。この考えは，人間を肯定的な存在として捉えるといっ
た肯定的人間観に基づいています。これらのことを一人ひとりの職員が十分理
解した上で，利用者支援・ケアに携わっていかなければなりません。決して覆
してはならない考えなのです。福祉の仕事の究極の目的は，利用者の生活を護
り，権利・利益を護ることにあります。一人ひとりの利用者を大切にした支

図表1-4　利用者支援・ケアの本質——人権尊重・個人の尊厳
の尊重・利用者の潜在能力や能動性の確信

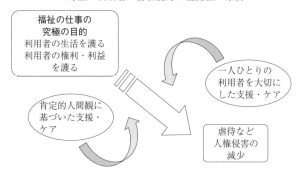

援・ケアを心がけていくことによって，虐待といった人権侵害はなくなってい
くのです（図表1-4）。

　事例1の岩井さんは，自身が利用者の人権を侵害する恐れがあるとは思って
いないでしょう。それは個人の価値観だけで物事を見ているからです。しかし，
福祉の専門職として，成人の利用者への接し方に問題があることは明らかです。
このことを岩井さんに理解してもらわなければなりません。いわば，利用者支
援・ケアの価値を踏まえて仕事に従事してもらう必要があるのです。

　また，利用者支援・ケアの価値についての知識を有していても，実践につな
がらなければ意味がありません。すぐに身に付くものではないのです。時間を
かけて身体の中に浸み込ませていくものだと思います。日々の定型業務の修得
も大切ですが，利用者支援・ケアの価値を身に付けてもらうことに力を注いだ
職員育成を心がけましょう（図表1-5）。

（4）法人（職場）の基本理念・運営方針
1）法人（職場）の基本理念や運営方針

　特別養護老人ホーム，障害者支援施設，児童養護施設，保育所，デイサービ
スセンターなどの福祉施設・事業所は，社会福祉関連の法律によって規定され
ています。法律上は全国一律のはずです。しかし，それぞれの法人には固有の

成り立ちや設立の趣旨，役割や特長
があります。設立の時代背景や地域
性を踏まえ，法人の基本理念や運営
方針を理解した上で，各施設・事業
所において福祉サービスの中身を考
えましょう。

2）支援・ケアの方針

　利用者支援・ケアの価値，法人
（職場）の基本理念や運営方針に沿

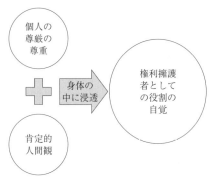

図表1-5　利用者支援・ケアの価値の浸透

個人の
尊厳の
尊重

肯定的
人間観

身体の
中に浸透

権利擁護
者として
の役割の
自覚

って職場としての支援・ケアの方針を示し，職員に周知し共有していきましょ
う。そして，支援・ケアの方針に沿った実践のできる職員へと育成していくの
です。このことによって，職員が同じ想いで支援・ケアに当たることができ，
職場として統制のとれた支援・ケアが可能となるのです。そして，質の高い福
祉サービスとなり，利用者の自立生活支援につながっていくのです。

　さらに，職員間で想いが共有されているということは，葛藤や摩擦が少なく
なり，チームワークやコミュニケーションのとれた職場となり，各職員の職場
の一員としての，そして福祉職員としてのアイデンティティが高まっていくの
です。このことが，さらに利用者支援・ケアの方針に沿った支援・ケア，利用
者の自立生活支援の強化につながるといったプラスの相乗効果をもたらすので
す（図表1-6）。

　ここで押さえておくべきことは，専門用語を抽象的なレベルの理解にとどめ
るのではなく，具体的にどう考え，行動すればよいのかを自分のことばで理解
するということです。例えば，「利用者の個人の尊厳を尊重する」というのは，
単に「利用者を1人の人として尊い存在，大切な存在として認識することだ」
といったレベルでの理解ではないということです。「尊い存在，大切な存在」
としての支援・ケアの姿，利用者へのかかわり方とは，具体的にどのようなも
のなのかを，日々の業務の中に落とし込んでいくということなのです。実践的
なレベルで理解するということを心がけましょう。

図表 1 - 6　支援・ケアとチームワークやコミュニケーション
との相乗効果

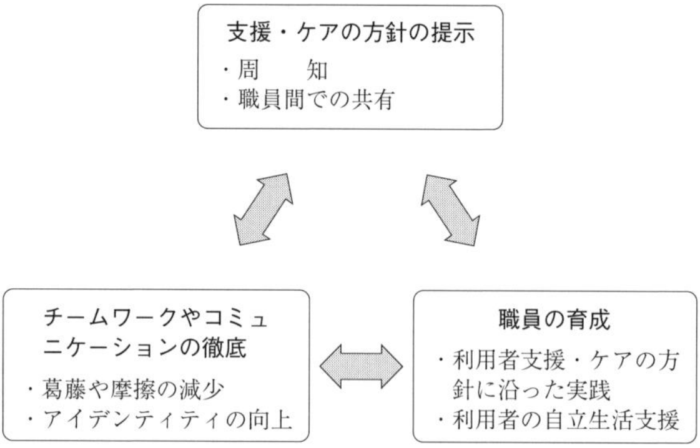

```
┌─────────────────────────┐
│  支援・ケアの方針の提示    │
│ ・周　　知               │
│ ・職員間での共有          │
└─────────────────────────┘
```

```
┌─────────────────────┐        ┌─────────────────────────┐
│ チームワークやコミュ │        │     職員の育成           │
│ ニケーションの徹底   │◄────►│ ・利用者支援・ケアの方   │
│ ・葛藤や摩擦の減少   │        │   針に沿った実践         │
│ ・アイデンティティの向上 │    │ ・利用者の自立生活支援   │
└─────────────────────┘        └─────────────────────────┘
```

3）職場の特徴（強み）となるものの発信

　では，福祉サービスの質とはどのような内容を指すのでしょうか。皆さんの職場が提供している福祉サービスで強みとなるもの，特に力を入れて取り組んでいるもの，自慢できるものはどのようなものでしょうか。職員間で共有しているでしょうか。

　そのためには，まず質の高い福祉サービスとは，どのようなものなのかを具体的に理解します。食事（食材，メニュー，器）に力を入れている，さまざまな日中活動のプログラムを用意している，施設内の装飾品に力を入れている，設備面が充実している，職員の利用者への接し方に力を入れている，利用者の意向を可能な限り尊重するよう努めている，丁寧に利用者に寄り添う日課となっている，高い作業工賃を目指している，就労支援に力を入れている，利用者の地域移行に積極的に取り組んでいる，地域社会に貢献している，地域の福祉の基幹となっているなど，さまざまなことが考えられるでしょう。職員間で綿密に話し合い，決めていきましょう。

　職場の魅力を発信しましょう。福祉サービスの質は，単に「あれをしよう」「これをしよう」「こういったことが流行しているから」といった短絡的なものではありません。「基本理念や運営方針に基づいて○○に力を入れている，○

〇について誇りを持っている」と明言できることが重要なのです。

3　福祉サービスの質の決め手となる職場風土

（1）職場風土が職員育成の要

　職場が利用者を大切にした支援・ケア，利用者本位の支援・ケアを実践している，あるいは実践していこうと取り組んでいると，新しく入ってきた職員もそれが当たり前のことと捉えるのです。利用者支援・ケアの価値や法人（職場）の基本理念・運営方針に基づいた業務姿勢が浸透している職場風土の中では，新しく入ってきた職員は先輩や上司の仕事ぶりを模倣するので，自然と浸透していくのです。そして，あるべき姿を徐々に身に付けていくのです。先輩や上司の仕事ぶりは，大きく部下や後輩に影響を及ぼしているのです。実は，この職場風土を作り上げていくことが，職員育成にとって最も重要な課題なのかもしれません。

　考えや動きが職員によって異なり，組織として統制が取れていない，チームワークやコミュニケーションが取れていない，職員主導となっている，不適切な対応で利用者を大切にしない，といった職場風土では人は育ちません。悪しき風土が当たり前になっている職場では，せっかく熱き想いを抱いて入ってきても，「この程度で良いんだ」と思ってしまいます。研修では理想とする姿を学んでも，「実際は違う」という事態が常態化していると，職場として活性化しませんし，職員は成長しません。

（2）利用者支援・ケアを優先する職場風土へ

　沈滞化した職場では，問題意識を持っている職員がいても，やがてそれも消え失せるでしょう。やる気の感じられない日常業務を消化するだけの職員集団となってしまいます。あるいは，問題意識を持っている職員は他の職場に移ってしまうでしょう。優秀な職員が去り，そうでない職員だけが残ってしまうという悪循環となってしまいます。

　魅力を感じてその職場に就職した職員の意欲を削ぐようなことは，望ましいことではありません。職員が意欲・やる気を持って業務に取り組んでいくからこそ，質の高い福祉サービスの提供に向けてさまざまなアイデアが出され，実行されていくのです。そして，業務のあらゆる面において，職員一人ひとりが自主的・主体的に考え動くことができるのです。

　利用者を大切にした支援・ケアを心がけている職場風土の下，職員育成プログラムを活用していくことができると，職員育成が相当スムーズに進むのではないでしょうか。

（3）職員は職場の財産

　福祉サービスの担い手は職員なのです。福祉の仕事は，対人援助サービスといわれるように，職員という人から利用者という人に対して提供されるサービスなのです。職員の働きそのものが，福祉サービスの質に大きく影響します。より質の高い福祉サービスを提供するために，その担い手である職員を大切な財産とみなしていく必要があります。とりわけ新任職員は，職場にとって貴重な財産となる大切な「人財」なのです。この「人財」を失わないようにしましょう。職員を退職に追い込んだり，意欲・やる気を喪失させたり，福祉の仕事の本質を見失わせてしまったりすることのないようにしましょう。

　皆さんの職場は，職員を大切にしているでしょうか。筆者は，「職員という人を大切にできる職場こそが，利用者という人を大切にできる職場」だと考えています。職員が，「職場は自分を大切にしてくれている，大切に育てようとしてくれている」と感じていると，職場に対する信頼感，安心感が芽生え，職場の一員であるという強い自覚の下，本来の業務，すなわち利用者を大切にした支援・ケアに専念できるでしょう。そうでないと，職場に対する不信感，不満感だけが募り，利用者を大切にした支援・ケアに専念できません。

（4）職員の確保・定着・育成

　福祉業界でよく耳にする言葉として，「職員の確保・定着・育成」がありま

す。職員確保は，福祉職場の重要課題の一つとなっているでしょう。求人を出しても応募が少ない，求める人材が応募してこない，退職する職員が多く，1年中求人を出しているなど求人に頭を悩ませている経営者も多いはずです。

そこで，確保もさることながら，採用した職員をいかに定着させるかが重要です。つまり，離職率を下げるということです。採用した職員が短期間で辞めると，新たに職員を採用しなければなりません。また，一から仕事を教え直さなければなりません。相当な労力です。同じ労力を割くなら，採用した職員を着実に育成し，長く続け，成長してもらう方がよほど成果が上がることでしょう。

一定の離職率は，やむを得ないでしょう。しかし職場の改善努力によって，一定程度の離職率を下げることは可能ではないでしょうか。皆さんの職場の離職率は，どのようなものでしょうか。そして，どのような理由で職員は退職しているのでしょうか。一度整理する必要があるかもしれません。職場の努力によって改善できることがあるとすれば，ぜひ取り組みましょう。職員が長く仕事を続けるための方策の一つとして職員育成があるのです。

4　職員育成の到達目標

（1）キャリアパスの考え

職員育成では，まずは目の前にある与えられた業務を遂行できる能力を身に付けてもらいます。また，今現在の業務を遂行できる能力を身に付けているだけでは不十分で，以下のように将来を見越した能力の向上を視野に入れておくことが重要となります。

① 今の業務に必要な能力
② 半年から1年先に必要となる能力
③ 数年先を見越して必要とされる能力

　職員の定着・育成の観点から，近年，キャリアパスを意識した育成が注目されています。キャリアとは，それぞれの職員がどのような職業人生を歩んでいくのかといった「職業人生経路，時間軸で見た職業生活のパターン」（福祉職員キャリアパス対応生涯研修課程テキスト編集委員会編 2018：5）のことをいいます。キャリアパスとは，「法人・事業所が示すキャリアの進路・道筋」のことで，キャリアアップ支援策を指します（福祉職員キャリアパス対応生涯研修課程テキスト編集委員会編 2018：5）。職員が定着し長く勤めるには，数年先，数十年先を見越して一人ひとりの職員の福祉職員としての成長，すなわちキャリアアップを意識した職員育成を目指していくのです。

（2）自己期待と他者期待

　一人ひとりの職員は，どのような福祉職員になりたいと考えているでしょうか。これを自己期待といいます。一方，職場としてどのような福祉職員になってほしいと考えているでしょうか。これを他者期待といいます（福祉職員キャリアパス対応生涯研修課程テキスト編集委員会編 2018：14-15）。これらを融合させて，職員自身，そして職場が期待する職員像を共有しましょう。目指すべき職員像は，一人ひとり異なっています。経営者層を目指す職員，現場のリーダーとして活躍する職員，現場の第 1 線で活躍する職員などさまざまなキャリアがあります。

　それぞれの職場で，勤務年数や階層ごとに求められる役割や能力・スキルを整理しておられるかもしれません。標準的な内容に一律的に当てはめるだけでなく，標準的な内容を土台に職員の経験値や有する力量，意向を踏まえて個別に設定し直すことが重要です。決して，勤務年数や年齢だけで期待する役割や必要な能力を一律に決めつけないようにしましょう（図表 1-7）。人から（職場から）与えられた目標ではなく，自分の状況に応じた目標，自分で決めた目標であれば，主体的に取り組んでいくでしょう。

　キャリアパスを意識した育成とは，日々の業務に終始するのではなく，目指すべき職員像に向けて長期的な観点で職員育成を行うことで，職員の職場に対

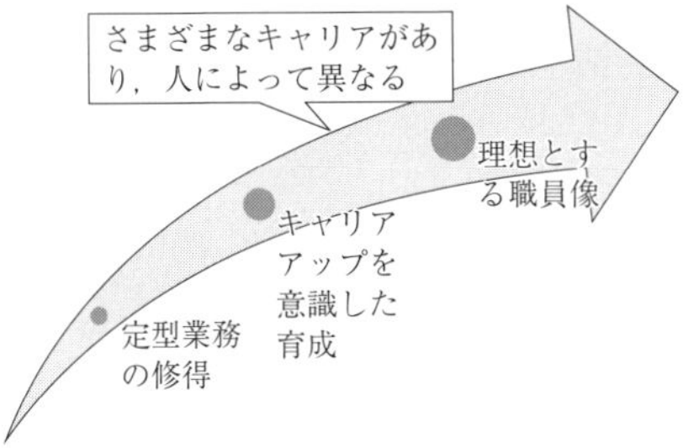

するアイデンティティ，職員自身の
福祉職としてのアイデンティティを
培っていこうとするものです。職員
が長く続けることによって，日々の
業務は無論のこと，中長期的な観点
での福祉サービスの質の向上に向け
た取り組みが可能となるのです。

図表1-7　一人ひとりに応じたキャリア形成

さまざまなキャリアがあ
り，人によって異なる

理想とす
る職員像

キャリア
アップを
意識した
育成

定型業務
の修得

　職員の育成は，日々の業務の修得
と数年先を見越した職員像を意識した育成をしていくという複眼的な観点が必
要となります。数年先を見越して，目指すべき職員像に近づくために日々の業
務の積み重ねがあるのです。そこで，皆さんに次のような質問をします。

①　どのような福祉職員になりたいか，考えたことがあるでしょうか。

②　職場の先輩や上司からどのような福祉職員になりたいか，聞かれたこ
　　とがあるでしょうか。

③　部下や後輩にどのような福祉職員になりたいか，聞いたことがあるで
　　しょうか。

④　部下や後輩にどのような福祉職員になってほしいか，伝えたことがあ
　　るでしょうか。一般論として期待する福祉職員像は伝えているかもしれ
　　ませんが，個々の職員について期待していることを伝えたことがあるで
　　しょうか。

　ぜひ，自己期待と他者期待をすり合わせて下さい。目指すべき職員像を共有
できることでしょう（図表1-8）。

（3）社会人・組織人・専門職業人としての育成を通しての人間形成

　次に，福祉職員としてどのように育っていくのかについて考える際の3本柱
と，その先にあるゴールは以下の通りです（図表1-9）。

図表1‐8　自己期待と他者期待の融合

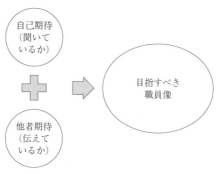

図表1‐9　人財育成の3本柱とその先の目標

3つの柱	内　　容
社会人 （社会性）	社会人としてのマナーやルールを身に付けることのできる職員（健康管理，時間管理，公私の区別，服装・容姿，人に接する際の言葉遣いや態度）
組織人 （組織性）	①　法人（職場）の基本理念や運営方針の理解とそれに基づいた思考や言動の取れる職員 ②　職場内の階層・職責上の業務を遂行できる職員 ③　職員間のコミュニケーションやチームワークの取れる職員
専門職業人 （専門性）	①　福祉職場で働く者としての価値や職業倫理を遵守できる職員（利用者の個人の尊厳，肯定的人間観，権利擁護，利用者の利益の優先，利用者主体，守秘義務など） ②　専門的知識や技能を身に付け，それぞれの職種のプロとして道を究めることのできる職員

・職場の中での役割・貢献

・意欲・やる気（自主性・主体性）

・問題解決力・創造性の発揮

・職員の自立，成長，巣立ち

人としての成長（人間形成）

①　「社会人」としての成長（社会性）。

②　「組織人」としての成長（組織性）。

③　「専門職業人」としての成長（専門性）。

3本柱の先にある「人」としての成長（人間形成）。

図表1-10　業務修得の段階

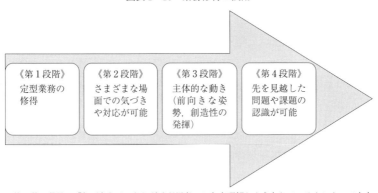

《第1段階》
定型業務の
修得

《第2段階》
さまざまな場
面での気づき
や対応が可能

《第3段階》
主体的な動き
（前向きな姿
勢，創造性の
発揮）

《第4段階》
先を見越した
問題や課題の
認識が可能

注：第2段階の「気づき」は，どれだけ利用者のことを理解しようとしているかによっても大
　　きく変わってきます。

　私たちは，一人で仕事をしているのではありません。組織の一員として組織
目標の実現に向けてそれぞれの職員に求められる役割を遂行していくのです。
一人ひとりの力は微力でも，組織としてまとまれば，大きな力を発揮します。
組織の大きな力の一部分を構成することのできる職員へと育成していくことが
重要なのです。

　職場の中で，各職員がどのような役割を期待されているのか，あるいは役割
を果たしていくのか，どのように貢献していけるのかをイメージすることによ
って，より具体的に目指すべき職員像が見えてきます。

　また福祉の仕事は，先輩や上司から教えられたことをその通り実行していた
ら十分というものではありません。その場の状況に応じて気づき，考え，判断
し，行動しなければなりません。柔軟性と機敏性も必要です。さらに，現状に
満足することなく，問題意識をもって課題の解決や改善に取り組むことができ
たり，より良い職場を目指したり，より質の高い福祉サービスの提供を目指し
たりするために，さまざまな考えを創出していかなければなりません。先見の
明と豊かな創造力が求められるのです。そこで，受け身の姿勢で仕事をするの
ではなく，意欲・やる気をもって取り組むことができるよう，職員の自主性や
主体性を養っていくことが極めて重要となるのです（図表1-10）。

　これらのことを通して，業務に必要な知識や技能を身に付けるだけでなく，職員の自立・成長・巣立ちを目指しているのです（寺澤 2006：3-4，寺澤・寺澤 2009：5，永田 2009）。さらに福祉の仕事は，職員という人と利用者という人とのかかわりを通して行われる対人援助サービスです。福祉職員としての人となりが仕事（業務）のあらゆる面で見え隠れするため，福祉職員という「人」としての成長を目指すのです。

（4）すべての階層の職員が育成対象者

　OJT は新任職員だけではなく，2〜3 年目の初任者，中堅職員，チームリーダーも受けることがあります。事例 1 の岩井さんも 2 年目ですが，仕切り直しで教育を受けることで成長が期待されます。これまで岩井さんの育成を十分行ってこなかった職場ですが，そのままにしておくとさらに悪い方向に転がってしまいます。

　事例 3 の井本先輩も，山中さんの OJT 担当者として成長するために渡辺リーダーから指導を受けるでしょう。また，3 年目の職員として期待される役割や求められる能力があり，それを身に付けなければなりません。さらに，井本先輩の将来を見越して身に付けておくべき能力をもあるでしょう。

　また事例 3 の渡辺リーダーや事例 1 の中西課長は，育成側であると同時に育成される側でもあるのです。リーダーや課長といった役職者として求められる役割や能力があります。当然，求められる役割に見合う能力を身に付けなければなりませんし，今後さらに期待される役割もあり，今からその役割の遂行を見越した育成も必要なのです。このように，勤務数年が経過してもそれぞれの職員や階層ごとに求められる役割や身に付けるべき能力があります。勤務年数や階層を問わず育成は必要です。

　一方近年，多様な雇用形態の職員が採用されています。正規職員だけではなく，臨時職員・嘱託職員やパート職員の比重も高くなっています。利用者にとっては，臨時職員・嘱託職員やパート職員も正規職員の区別は，それほど明確ではありません。重要な役割を果たしており，育成は欠かせません。

Check Point !

▷　研修は，利用者支援・ケアに反映されるべきものにしましょう。

▷　職員育成は，日々の業務の修得に終始するのではなく，数年先を見越した職員のキャリア形成を意識しましょう。

▷　自己期待と他者期待を融合させた個別のキャリアを考えましょう。

▷　社会人，組織人，専門職業人の育成を通して職員の人としての成長を目指しましょう。

第2章	OJT の進め方
	──土壌づくりから始め PDCA サイクルを回す

本章のねらい

　第2章では，OJT の概要を PDCA サイクルに沿って説明します。まずは，施設長などの管理職が，職員育成の重要性を認識することから始まります。そして，OJT を実施するための職員の意識づけや仕組みを整えるといった土壌づくりを行います。OJT の具体的なプロセスとしては，職員の状況，職場あるいは所属している部署（以下，職場〔部署〕）の状況はどのようなものか，有する力量はどうなのかを見定めつつ，あるべき姿の目標を設定します。目標達成に向け，どのような育成方法を用いるのか，職員自身がどのような取り組みを行うのかの計画を立てます。OJT を実施し，一定期間経過後に OJT の成果について振り返ります。振り返りを基に，新たな目標・計画を作成していくという流れの繰り返しです。

　また OJT は，職員の状況，職場（部署）の状況に応じてさまざまな場面や機会を有効に活用して実施できます。本書では大きく3つの機会や場面を紹介しています。

1　OJT の土壌づくり

（1）職員への周知

　序章で確認した皆さんの職場の OJT 体制の状況をもう一度振り返りましょう。OJT を意識していない施設・事業所が，一足飛びに本格的に導入しようとしても上手く進展しないかもしれません。まずは，土壌づくりから取り掛かりましょう。そのためには，施設長などの管理職に，職員育成さらには OJT の重要性や意味を理解してもらうことから始めましょう。一方で，OJT を受ける側の職員にも OJT の重要性や意味を理解してもらうことが必要となります。職場の全職員の理解と協力が不可欠なのです。

（2）OJT の仕組みづくり

1）現状からのスタート

　職員への周知と並行して，OJT の仕組みづくりを行います。研修担当者や OJT 担当者任せにするのではなく，管理職の指導の下，実施していきましょう。その際，各職場の実情に合った仕組みづくりをしましょう。職員数，職員の経験年数や力量は異なっています。職場の状況を十分見極め，職場に見合った OJT の浸透・実施を図っていきましょう。

　OJT の導入を検討したり準備を進めたりしているが，どう進めていけばよいのか迷っているという職場も，同様のことがいえます。いきなり，完全な形を目指すのではなく，現状からの積み重ねが大切となります。

2）OJT 担当者の指名

　次に，OJT 担当者を指名し OJT を実施しましょう。例えば，新任職員には 3 カ月，半年あるいは 1 年といった一定期間，OJT 担当者を付けて実施してみましょう。これらのことを積み重ねていくことで，徐々に職場に浸透させても良いでしょう。

　いきなり継続的な OJT の実施は導入し難いという職場の場合は，新任職員に限定せず，育成の必要性の高い職員を対象として，特定の課題にテーマを絞って実施しても良いでしょう。ある業務の修得，意欲喚起，接遇，利用者とのかかわりで不適切な時，仕事で悩んでいる時や行き詰まっている時，職員が問題意識を感じている時などにおいて，単発的であったとしても意図的なかかわりが，円滑な業務の遂行，支援・ケアの改善や向上，職員の成長につながります。あるいはチームリーダーが，職場全体あるいは部署の活性化を目指して職場・部署内の複数の職員を対象に OJT を実施し，浸透させても良いでしょう。この単発的な OJT を積極的に取り入れていくことで，継続的・体系的な OJT の土台となるのです。

　最初，指名された OJT 担当者は戸惑うかもしれません。これまで先輩や上司から系統立った OJT を受けていないため，指導者としての自信を持てないと感じることでしょう。ただ，「OJT を受けたことがないからできない」と躊

図表 2 - 1　OJT の土壌づくり

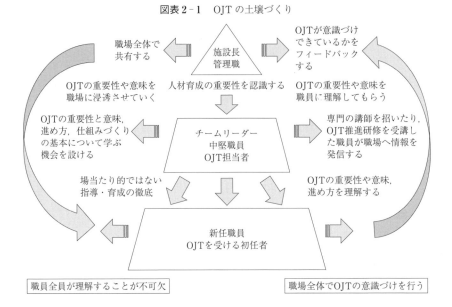

踏していては，いつまで経っても OJT は浸透しません。試行錯誤で良いので，OJT を意識しながら対象となる職員とかかわりましょう。数年経つと徐々に OJT の風土が醸成されます（図表 2 - 1）。

（3）OJT 担当者の育成

1）OJT 担当者の養成

職場（管理職）は，指名した OJT 担当者が役割を遂行できるように養成しましょう。近年，福祉職場の OJT リーダー養成研修等がさまざまな所で実施されているので，参加を促しましょう。

2）OJT 担当者のサポート

OJT 担当者任せにするのではなく，サポートする体制を整えましょう。OJT 担当者は戸惑い，悩みながら後輩職員の指導育成に取り組んでいます。OJT 担当者の上司は，少し離れた立場で OJT 担当者を指導したり，助言したり，励ましたり，悩みを聴いたり，支持したり，見守ったりしましょう。

　複数の OJT 担当者を配置している職場では，OJT 担当者同士情報共有する機会を設けるのも良いでしょう。

事例 7　OJT 担当者をリーダーがサポートし円滑な新任職員育成を実現した事例

　山本さん（女性，20歳）は，この春に介護福祉士養成の専門学校を卒業し特別養護老人ホームに介護職として採用された新任職員です。この施設では，職員育成を重視していくという方針の下，今年度から OJT の制度を導入することとなり，さっそく新任職員の山本さんに OJT を実施することとなりました。そして，3 年目の澤井先輩（女性，23歳）を OJT 担当者に任命しました。

　澤井先輩は，自分自身が先輩職員からマンツーマンで継続した教育を受けたことが無かったので，山本さんに具体的にどう指導すればよいか分からず，戸惑っています。そこで，澤井先輩は北川リーダー（男性，30歳）に相談しました。北川リーダーからは，次のようなアドバイスを受けました。まずは，行動を共にして日常業務を一緒に行い，見本を示したり，手順を説明したりすること。その上で，1 度に多くの業務を行ってもらうのではなく，優先順位を付けて一つずつ積み重ねて業務を覚えてもらうこと。また山本さんの想いを受け止めること。できていることは，的確に評価すること。とりわけ，山本さんとのコミュニケーションを重要視すること。

　アドバイスを受けた澤井先輩は，日常業務と利用者とのかかわりや介護方法について指導することから始めました。澤井先輩は山本さんを極力同じ業務に就け，その場その場で丁寧に説明したり指導したりしました。澤井先輩は，北川リーダーに相談しながらも山本さんの指導育成に力を注いで行きました。その甲斐あって，山本さんは徐々に仕事を覚え，利用者とのかかわりや介護業務も行うことができるようになって，笑顔も見られるようになりました。

　その後も澤井先輩は，山本さんの業務の修得状況について何度か北川リーダーに相談に乗ってもらいつつ，指導者としての不安を軽減していきました。困ったことがあれば北川リーダーに相談できるという安心感が，山本さんへの円滑な指導につながっていったのです。

　本事例は，OJT 担当者に任命された職員を上司がサポートし，円滑な育成につながった事例です。澤井先輩が山本さんを育成するにあたって，北川リーダーは，澤井先輩の相談に乗って，澤井先輩の不安の軽減に努めたり的確な指

示を出したりしています。澤井先輩一人に山本さんの育成を任せているだけでは，本当の職員育成にはつながりません。OJT 担当者をサポートする必要があります。澤井先輩は OJT を実施する立場でもあり，受ける立場でもあるのです。北川リーダーは，澤井先輩の仕相談に乗ったり，励ましたり，支持したり，アドバイスしたりして，澤井先輩が OJT 担当者として成長できるよう育成しています。このサポートがあるからこそ，山本さんへの OJT が円滑に機能するのです。

3）業務の配慮

　一方，OJT 担当者が OJT に時間を割けるような業務配慮も忘れないようにしましょう。そうしないと，OJT 担当者の負担が重くなり，中途半端な形で終わってしまう恐れが生じてしまいます。

（4）OJT 実施状況の見直し

　OJT の仕組みはできているが，上手く機能しない職場は，何故上手く機能しないのか，何が問題なのかを整理しましょう。理想とする姿の仕組みだけをつくっても実体が伴わないのでは絵に描いた餅に終わってしまいます。職場の実情の中で，何ができるかを考えましょう。

2　さまざまな場面や機会を活用した OJT

　OJT は，さまざまな場面や機会を有効活用して実施されます。

（1）日常業務を通しての指導育成

　これは，日常業務の中で，OJT 担当者が職員と一緒に仕事をしながら，さまざまな業務の修得につなげていくスタイルの OJT です。まさにその場面で，仕事をしながら直接指導・助言などすることもあれば，職員の想いを聴いたり考えてもらったりすることもあります。そして，職員の仕事ぶりを振り返ってもらったり評価したりして次の段階につなげていきます。OJT の基本形とも

いえます。この点については，第3章でより詳しく説明しています。

（2）特別に時間をとっての面談

　これは，職員が，疲れている，行き詰まっている，落ち込んでいる，悩んでいる，意欲を感じられない，投げやりになっているなど，気になった時に声を掛け，時間を取って話を聴くスタイルのOJTです。職員の悩みや感じていることを話してもらいます。そして，その悩みや想いを受け止め，必要に応じてアドバイスします。こういった時間を取ることで，職員の想いを知ることができ，時には職員の抱えている問題の解決につながることもあります。

　一方で，職員が頑張っている，意欲的に取り組んでいる，積極的な姿勢が見られるなどの場合も声を掛けて，職員の想いを聴き，受け止めて，称賛したり励ましたりすることも忘れてはいけません。

　OJT担当者が職員の様子を伺って声掛けすることによって，職員は，心配してくれている，分かってもらえた，受け止めてもらえた，自分のことを見てくれているといった安心感，先輩や上司に対する信頼感を抱くようになるでしょう。その上で，的確なアドバイスがあると一層良いでしょう。この点については，第5章でより詳しく説明しています。

（3）職場（部署）の活性化を通しての職員集団育成

　これは，職場（部署）内に生じるさまざまな問題の解決改善に取り組むことを通して，職場（部署）を活性化させるとともに，その構成員である一人ひとりの職員の育成を目指していくスタイルのOJTです。チームワークの向上，コミュニケーションの円滑化，支援・ケアの方針や進め方の統一，利用者本位に向けての取り組み，利用者への接し方や言葉遣いなど職員から問題視する声が上がったり，あるいはOJT担当者やチームリーダーが気になったりした時に，そのテーマについて職場（部署）の職員皆で考えていこうとするスタイルのOJTです。

　OJTといえば，OJTを実施する側と受ける側との1対1のやり取りが標準

ですが，職場（部署）の活性化を通しての育成方法もあるのです。この点については，第 4 章でより詳しく説明しています。

3　OJT の PDCA サイクル

（1）OJT の進め方

　OJT のプロセスは，図表 2 - 2 に示した流れに沿って進めていきます。

1）問題認識と現状把握

　対象となる職員あるいは職場（部署）のあるべき姿と現状との差を，整理することです。対象となる職員あるいは職場（部署）はどのような状況なのか，抱えている問題はどのようなものか，有する力量（ストレングス）はどうなのかを見定めます。

2）テーマ・課題の設定

　あるべき姿に近づいていくために，OJT で取り上げるテーマや解決・改善すべき具体的な課題を当該職員とともに整理します。

3）目標の設定（短期・中期）

　整理されたテーマや課題の到達目標を設定します。そして，その大きなテーマの到達に向けて，具体的な課題の解決・改善を意図した短期目標を設定します。

4）計画の作成（短期・中期）

　目標達成に向け，どのような育成方法を用いるのか，職員自身がどのような取り組みを行うのかに関する計画を立てます。到達目標達成に向けて職場（OJT 担当者）が，どのような指導育成方法を取るのかを伝えます。例えば，「○○の時は□□の方法を用います」「○○ができていない時は厳しく注意しますよ」などと方針を提示します。当該職員が，どのような指導を受けるのかを理解することで，今の自分の状況を理解することにつながります。一方，当該職員が到達目標を目指して，どのような取り組みをしようと思うのかを考えてもらいます。職員育成は一方的に指導するものではなく，職員自身が自ら成長

図表2-2　OJTのPDCAサイクル

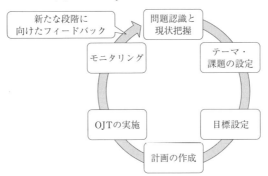

するのを助けるものです。自ら考えたことは主体的・自主的に取り組みやすい
でしょう。

5）OJTの実施

　計画に基づいてさまざまな場面や機会を活用して，さまざまなかかわりを通
してOJTを実施します。

6）モニタリング

　一定期間経過後に，業務の修得状況・職員の成長度合いについての振り返り
を実施します。当該職員の自己評価およびOJT担当者による評価を行い，双
方のすり合わせによる達成度合いを確認します。職員自身の努力内容や悩みな
どを確認します。達成できた項目については，誉めるなどの評価やねぎらいの
ことばを忘れないようにします。達成できなかった項目については，その要因
を探り改善点を見出していきます。一方，OJTが上手く進展したのか，そう
でなかったのか，その成否の要因についても分析し，今後の職員育成の方法に
ついて検討します。

7）新たな段階（修正・ステップアップ）に向けたフィードバック

　振り返りを基に，さらなるステップアップ，あるいは軌道修正を踏まえて，
目標や計画を当該職員と一緒に見直します。状況の変化に伴う新たな現状把握
と問題認識を行います。新たなテーマや課題設定につなげていきます。なおモ
ニタリングとフィードバックについては，第3章で詳しく説明しています。

（2）さまざまなテーマで実践可能な OJT

　筆者がこれまで担当してきた「OJT リーダー養成研修」等の参加者から紹介された代表的な OJT 実践を，図表2‐3（48-49頁）に掲載しています。さまざまなテーマが，紹介されています。人としての育成といった大きなテーマもあれば，特定の業務の修得といった限定的なテーマもあります。社会人，組織人，専門職業人としての育成，その先にある人間形成がテーマになっています。取り上げるテーマは，職員の不足している側面や消極的な状況の改善といったマイナス面を克服するだけではなく，積極的な言動や問題意識の応援といったプラス面をさらに高めることにも着目することが大切です。

　対象となる職員，職場（部署）の状況も千差万別です。当然，目標や計画も異なってきます。ある職員の状況に対して，「テーマ→目標→計画」と直線的に定まるのではなく，重層的に絡み合いながら，テーマ，目標，計画が立てられていますので，本書では項目ごとに紹介しています。具体的な実践内容については，第3章以降で紹介します。

4　育成到達目標の設定

（1）階層ごとに求められる役割や能力

　階層ごとに求められる役割やその役割を遂行するための能力は，異なっています。階層ごとの標準の役割や求められる能力を明記し職場の中で共有すると良いでしょう（資料2‐1，57-61頁）。役割を遂行できるよう，求められる能力を身に付けていくのです。

（2）先を見越した育成計画──育成目標の設定

1）標準的な到達目標の設定と共有

　階層ごとに求められる役割や能力を身に付けるために，標準的な業務の修得内容が示されることとなります。さらに，個々の職員に応じた具体的なテーマや課題，育成到達目標を設定していきます。具体的に職員がどの時期にどのよ

うな業務を修得すればよいのか，どのような職員へと成長していくのか，といった育成到達目標を定めます。

事例8　新任職員が突然「夜勤業務の練習をしましょう」と言われて困惑した事例

　池田さん（女性，20歳）は，この春に介護福祉士養成の専門学校を卒業して特別養護老人ホームの介護職として働き出しました。3年目の坂本先輩（男性，23歳）がOJT担当者としては池田さんの指導育成にあたることとなりました。坂本先輩は池田さんに丁寧に仕事を教え，池田さんも日々の定型業務については一通りできるようになり，笑顔も見られるようになりました。

　そんなある日，「そろそろ夜勤業務の練習に入ってもらってはどうか」ということになり，坂本先輩が池田さんにそのことを伝えました。池田さんは，「ようやく日々の業務を覚え，利用者とのかかわりや介護ができるようになってきたばかりなのに，いきなり夜勤の練習と言われても……」と戸惑いを隠せません。

　本事例は，徐々に定型業務に慣れてきた新任職員がある日突然「夜勤業務の練習をしましょう」と言われ，困惑している事例です。坂本先輩は，池田さんの業務の修得状況に鑑みて，次の段階へと進もうと考えたのです。それが夜勤業務です。夜勤業務を経験することで，それぞれの業務のつながりを理解できるとともに，利用者の生活の流れも理解することができ，より包括的な支援・ケアへとつながっていくのです。池田さんの成長を考えても，夜勤業務の修得は重要なのです。

　一方の池田さんからすると，いつかは夜勤業務に入ることは分かっていたことでしょう。しかし，日中業務をようやく覚えた矢先に，唐突に夜勤業務を言われたことで不安になってしまったのです。まさに，心の準備ができていない状況下で次のステップの業務習得を要求された，となってしまうのです。

　育成する側は，どの時期に（あるいはどの段階に達したら）どのような業務を修得してほしいのかを，ある程度イメージしていることでしょう。しかし，新任職員にはそのことが伝わっていないため，「急に言われた」となるのです。新任職員と入職当初から，どの時期に（あるいはどの段階に達したら）どの業務

図表 2-3　OJT 実践サンプル

	特定の職員の育成	部署の活性化を通しての職員育成
テーマ	・新任職員を育成する。 ・利用者とのかかわり方・ある利用者の介護方法（入浴，排せつ，食事，更衣など）を修得する。 ・利用者の想いを理解しながら適切なかかわりができるようになる。 ・保育所でのクラス運営ができるようになる。 ・やや気になる職員を育成する。 ・メンタル面でのケアを行う。 ・一つひとつの業務を丁寧に遂行できるようになる。 ・我流で仕事を進めている職員を育成する。 ・職員主導・業務優先で仕事を進めている職員を育成する。 ・仕事をなかなか覚えられない職員を育成する。 ・さまざまな状況に気づき対応できるようになる。 ・自信の持てない中堅職員を育成する。 ・次期リーダーを期待されている職員を育成する。	・職場（部署）の報告・連絡・相談などコミュニケーションの活性化と情報の共有化ができるようになる。 ・連携，チームワークが取れるようになる。 ・職員同士が互いに尊重し合えるようになる。 ・職員の支援・ケアに関する専門性の向上に努める。 ・利用者本位の支援・ケアを意識した実践ができるようになる。 ・利用者に寄り添った支援・ケアができるようになる。 ・利用者に対する態度，接し方，ことば遣いを考える。 ・やりがいを感じながら業務を遂行する。
テーマに取り上げた職員・職場（部署）の状況	・なかなか職場になじめない。 ・なかなか仕事を覚えられない。 ・疑問や悩みがあっても質問できない。 ・自分の考えや意見を発信することができない。 ・仕事に対する意欲を感じられない。 ・自発的な取り組みができず消極的である。 ・最低限の業務を遂行するだけにとどまっている。 ・指示がないと動けない（周囲を見て自発的に動くことができない）。 ・目先の問題にとらわれ，先を見越した取り組みができていない。 ・仕事が雑である。 ・日常の定型業務はできるが，自主性や主体性の求められる業務や気づきの必要な業務が不十分である。 ・独断で業務を進めてしまっている。 ・自己流で業務を進めてしまっている。 ・利用者とのコミュニケーションが上手く取れていない。 ・利用者に対する接し方が気になる。 ・利用者と表面的なかかわりしかできていない。 ・さらなる成長が期待されている。 ・新しいことを覚えようとしている。 ・新しいことに挑戦しようとしている。 ・問題意識を持って仕事に取り組んでいる。 ・素晴らしい面を持ち合わせておりさらに伸ばしたい。	・職員間の報告・連絡・相談などコミュニケーションが不十分である。 ・職員間の相互理解や相互援助が不十分である。 ・職場内で陰口等があり，チームワークが良くない。 ・一部の職員の意見が優先されてしまっている。 ・職員主導になっている。 ・利用者に対することば遣いや接し方が横柄になっている。 ・職場（部署）全体が沈滞化している。 ・業務の現状について疑問を感じている職員がいる。 ・現状に流されるのではなく，問題意識を持っている職員がいる。
OJT実践目標	・挨拶ができるようになる。 ・利用者の障害特性や心身の状況に応じた介護業務（入浴，排せつ，食事，更衣，転倒リスクの高い利用者への対応など），かかわりができるようになる。 ・利用者の言動の背景にある要因を洞察することができるようになる。 ・日常の定型業務を修得する（一つひとつの業務を根拠を踏まえて理解し，実践できる）。 ・一定の役割を責任をもって担う（任せる）ことがで	・法人（職場）の基本理念・運営方針を共有し，職員がみな同じ方向に向かっている（チームとしてまとまっている）。 ・他の職員（部署）の状況を理解しながら仕事を行うことができるようになる。 ・職員同士の円滑なコミュニケーションができ，情報共有ができるように

	特定の職員の育成	部署の活性化を通しての職員育成
OJT実践目標	きるようになる（保育所でのスムーズなクラス運営，ある委員会の責任者，ある行事の担当者，リーダーシップの発揮など）。 ・計画的に仕事ができるようになる。 ・得意分野のスキルをアップすることができるようになる。 ・自信を持って仕事に取り組むことができる。 ・前向きな姿勢で仕事に取り組むことができる。 ・方針に沿った業務の遂行ができるようになる。 ・疑問や悩みを相談できるようになる。 ・自分の考えや意見を発信できるようになる。 ・他の職員とコミュニケーションが取れるようになる。 ・忙しい時でも，感情に流されることなく（イライラした態度を示すのではなく），冷静に対応できるようになる。 ・色々なことに気づき，状況に応じて，自ら考え，行動できるようになる。 ・自らの言動を振り返ることができるようになる。 ・先を見越した考え，行動が取れるようになる。 ・周囲の状況を見ながら行動できるようになる。 ・職場（部署）の中核となって仕事ができるようになる。 ・利用者の自立や成長を意識した支援・ケアができるようになる。 ・利用者の尊厳を尊重したかかわり，利用者に寄り添った支援・ケアができるようになる。 ・利用者の個別性を尊重した支援・ケアができるようになる。 ・やりがいを感じながら仕事ができるようになる。 ・より次元の高い業務の修得につなげることができるようになる。	なる（報告・連絡・相談）。 ・職員同士自由に意見が言い合えるようになる。 ・職員同士尊重し合える関係になる。 ・職員同士の信頼関係を形成できるようになる。 ・職員同士注意し合える関係となる。 ・職員同士（部署間）の連携や相互援助ができるようになるようになる。 ・利用者本位を意識した支援・ケアを心がけるようになる。 ・利用者の尊厳を尊重した関わり，利用者に寄り添った支援・ケアができるようになる。 ・職場の方針に沿った支援・ケアの方法をマニュアルや手引き等で明確にでき，統一した支援・ケアが実施できるようになる。
OJT実践計画	・育成目標を共有する。 ・当該職員の強みを見出す。 ・業務手順書の作成やチェックリストを作成し活用する。 ・交換日誌を用いる。 ・面談の機会を設ける。 ・想いを受け止める。 ・具体的に指導する。 ・振り返りをする。 ・評価する。 ・周囲の職員へ協力依頼する。	・OJT担当者から問題提起する。 ・アンケートを実施する。 ・個別面談を実施し職員の想いを理解する。 ・職員同士の話し合いの場を設ける。 ・利用者とのかかわりを振り返るためのチェックシートを作成し実施する。 ・気づきメモを作成する。
育成の基本姿勢	・育成の基本は，意欲・やる気を引き出し，発揮してもらうことにある。 ・利用者の尊厳を大切にした支援・ケアが福祉の仕事の本質であることを土台に置く。 ・OJT担当者から積極的に声掛け，和やかな雰囲気づくり，職員の状況把握に努める。 ・職員が萎縮しないで能力を発揮できるかかわりを行う。 ・先輩職員（OJT担当者）と一緒に行う，側について行う（OJT担当者と職員との協働作業）。	

に従事するのかを共有しておくと，心の準備ができるのです。

そこで，階層ごとに求められる役割や能力・スキルを整理し，どの時期にどのようなことを修得すればよいかを明記します。一方，その役割や能力・スキルをさらに具体的に日常業務に細分化することで，より具体性が増します。新任職員の場合，3カ月，6カ月，1年を一つの期間と定め，どの時期にどのような業務を修得していくのか，標準的な到達目標をあらかじめ職員と確認しておきます。そうすることで，どの時期までに何を修得するのかイメージが湧きます。このように，到達目標を共有することはとても重要なことなのです。

2）個別性の尊重

育成目標を設定する際には，職員の個別性を配慮しましょう。一人ひとりの職員の求められる役割や必要とされる能力は異なっています。職員の人生経験，職業経験，有する能力や適性も異なっています。一律に到達目標を決めても効果は上がりません。職場での標準の到達目標を土台として，個々の職員に応じた到達目標を設定しましょう。一人ひとりに応じたキャリアパスを考えるということです。

例えば，入職6カ月で修得して欲しい業務があるとします。しかし，3カ月で修得できそうであれば，6カ月間待つまでもなく，3カ月での修得を目標としましょう。そうすることで，当該職員も自分の経験を活かしてもらえている，能力を評価してもらえていると捉えるでしょう。

一方，6カ月では修得困難な職員には，「標準6カ月なので，頑張りましょう」と無理強いすると，「私には無理です」となり，修得できないばかりか退職してしまう恐れもあります。その職員の熟練度に応じ，個別に設定しましょう。時間がかかっても修得できれば，自信につながります（図表2-4）。

3）育成目標の設定手順

個々の職員の育成目標の設定手順は，以下のようになります。

① 階層・経験年数ごとに求められる役割・能力の確認

② 職場としての標準的な育成到達目標の提示（他者期待）

図表 2 - 4　各新任職員の経歴や能力・適性に応じた個別の育成計画

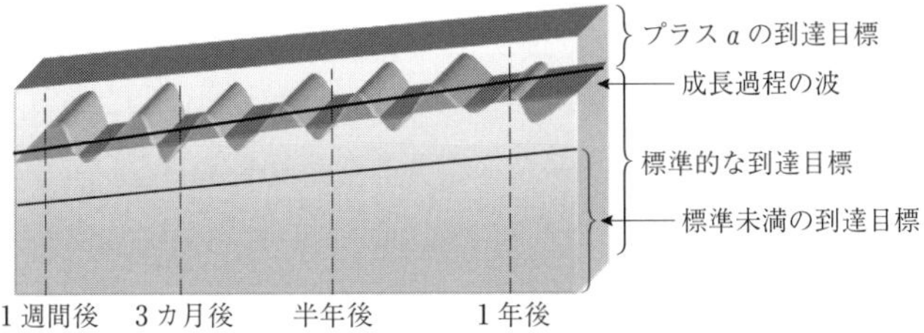

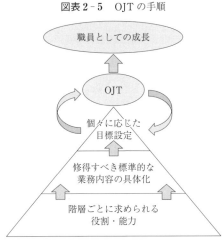

1 週間後　3 カ月後　　半年後　　　1 年後

図表 2 - 5　OJT の手順

③　職員の意向を確認（自己期待）

④　職員の有する能力を把握

⑤　求める能力との職員の有する能力との差を認識

⑥　取り組むテーマや課題を設定

個別性を重視した育成目標の設定

また，この手順を図式化すると図表 2 - 5 のようになります。

4）職員の成長に一喜一憂しない

　職員の成長は，右肩上がりの一直線というわけにはいきません。成長したと感じられる時もあれば，その後，伸び悩んでいるということもあるでしょう。修得したと思われた業務ができなくなることもあります。このような時，職員自身も悩むでしょう。OJT 担当者も「教えたはずなのに！」「なぜできないのか！」と職員に不信感を抱いたり，「自分の教え方が悪いのか」と悩んだりするかもしれません。職員が成長すれば自分も嬉しいし，周りからも「OJT 担当者が適切に教育しているから，職員も成長している」と誉められるでしょう。

　しかし，職員の成長が止まってしまうと「何とかしなければ」という焦りが生じます。その焦りが育成される当該職員に伝わってしまいます。好ましいことではありません。一喜一憂しないようにしましょう。地道に指導し，長い目で見て職員が成長していれば十分なのです。また，一つ壁を越えることで，成長につながることもあります。

（3）個々人の目標設定のポイント

　職場の標準目標と，一人ひとりの成長度合いやキャリアパスとをすり合わせ，個別の育成目標が作成されます。ここでは，目標設定の際のポイントを第8章の職員のモチベーションを踏まえた上で紹介します。

1）職員の今の力量からのスタート

　職員のあるべき姿を目標とするのですが，目標ありきで目標を設定し指導育成すると，職員の状況を踏まえていないため，非現実的な目標となり，指導育成が上手くいかない危険性があります。現時点での職員の力量を適切に見定め，現時点をスタートラインとしましょう。

2）職員のストレングスに着目した目標設定

　職員育成は，求められる能力と有する能力との差を埋めることが目標となります。しかし，不足する能力ばかりに目を向けるのではなく，有する能力をさらに伸ばすといった内容も盛り込むことが重要です。不足する能力が強調されすぎると，「できていない」ということが前提になります。できていないこと

図表2-6　スモールステップでの目標設定

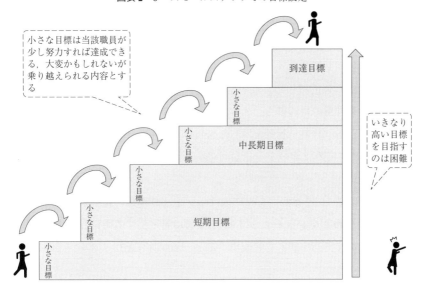

小さな目標は当該職員が少し努力すれば達成できる。大変かもしれないが乗り越えられる内容とする

到達目標

小さな目標

中長期目標

小さな目標

短期目標

小さな目標

小さな目標

小さな目標

いきなり高い目標を目指すのは困難

ばかり羅列されると，職員も辛くなるのではないでしょうか。

　そこで，職員の有する能力を把握する際に職員のストレングスにも着目しましょう。それを職員にフィードバックしましょう。あるいは，職員に自身の強み（得意とすること，長所など）を聞いても良いかもしれません。職員の側からすると，自身のストレングスを評価してもらえていると嬉しく思うでしょう。そして，それをさらに伸ばすべく，積極的に取り組んでいくでしょう。このように，有する能力を伸ばすことと不足する能力を身に付けることを上手く調和させて目標を設定することで，職員は，「自分の能力を正当に評価してもらえている，頑張ろう」という気持ちになるのではないでしょうか。

3）スモールステップでの目標設定

　いきなり高いところに目標設定すると，到達できない恐れがあります。大きな目標を達成するために，小さな目標を設定し，その小さな目標の達成を積み重ねて到達目標に近づくようにしましょう。現状に応じて，2〜3の課題を設定し，それをクリアしていきながら短期目標，さらに中長期目標へとつなげて

いきましょう。小さな目標は当該職員が少し努力すれば達成できる，大変かもしれないが乗り越えられる段階の目標としましょう（図表2-6）。

4）具体的行為・行動を示す目標設定

短期目標は，数値化できる，あるいは具体的な行為・行動を示した表現を用いましょう。具体的に何を目指すのかが明確になること，当該職員と OJT 担当者との共通理解のためにも，モニタリングの際に同じ尺度で評価できるようにするためにも，行為・行動を示した表現は効果的といえます。

「社会人としてのマナーを身に付ける」を「時間を守る」「挨拶ができる」「電話応対ができる」と表現すると，より具体的にイメージできるのではないでしょうか。また，「専門性を身に付ける」を「認知症の理解を深め，利用者に適切なかかわりができるようになる」「利用者と接する時は，感情的にならず冷静に最後まで話を聴く」と表現すると，より具体的にイメージできるのではないでしょうか。

5）到達目標の設定と職員の努力

達成不可能な目標は，最初からあきらめ，努力しようとしません。簡単に達成できる目標は，努力しないし，達成感がありません。困難だけど，大変だけど，努力すれば達成できるレベルの目標（挑戦的な目標）を設定すると良いといわれています。努力すれば到達できると思えるからこそ，どうすれば良いのかを考え，工夫するのです。そして，達成できた際，当該職員が喜びを感じたり充実感を味わったりするとともに，当該職員の成長が見られ，さらに高度な目標を目指すことにつながるのです。

ごく一部の特殊な事柄を除いては，物事の成就の成否は，能力によって決まるのではないといわれています。「自分には能力がないからできない」というのではないのです。あきらめずに粘り強く努力することによって多くのことが可能となり，成長につながるといわれています（ハルバーソン 2014：69・78）。

これは，なりたい職員像としての目標でも，日常業務の修得の目標でも同じことがいえます。それぞれの職員の経験値，力量を踏まえて，努力すれば達成できるレベルの目標を模索して下さい。

6）職員と職場との双方による目標設定のすり合わせ

　職場が一方的に目標を設定するのではなく，当該職員の意向を尊重しつつ，双方のすり合わせのもと，当該職員の力量や成長度合いに応じて設定しましょう。人から与えられた目標よりも，自ら設定した目標の方が，より主体的に目標達成に向けた取り組みがなされるとのことです。以下に目標設定のポイントを記載します。

① 自己期待と他者期待を踏まえたテーマ設定や目標とします。
② 到達目標は，努力すれば到達できる目標とします。
③ 目標設定するにあたっては，職員との話し合いを基に，職員の意向を尊重しつつ，共通認識を持つようにします。
④ 特定の職員育成を対象としたOJTは，職員一人ひとりの経歴や能力に応じて個別に考えます（個別性の尊重）。
⑤ 職場（部署）の活性化を対象としたOJTは，職場（部署）の抱える問題を改善するとともに，職員の成長につながることを意識して取り組みます。
⑥ 職員の不十分な部分を補う内容ばかりではなく，有する能力，すなわち職員のストレングスをさらに伸ばす内容も盛り込みます。
⑦ 到達目標の項目は，できるだけ行為・行動を示す具体的な表現にします。
⑧ 到達目標の具体的な基準を示します。
⑨ 努力すれば達成できる目標を設定します。

7）キャリアパスを意識した目標

　第1章で紹介したキャリアパスを意識した育成到達目標を，設定すると良いでしょう。近年，全国社会福祉協議会が推奨し，各都道府県・政令市でも浸透しつつある「キャリアパス対応生涯研修」では，「キャリアデザイン」を作成します。参加者は，階層（初任者・中堅・チームリーダー・管理職）ごとに大切に

すべきことを理解した上で，自分自身，どのような職員になりたいのか，その
ためにどのような取り組みをしようと考えているかといった行動指針を作成し
ます。これは，単に日々の業務の修得に留まらず，自分自身の成長を意図して
いるのです。「キャリアパス対応生涯研修」で作成した「キャリアデザイン」
と OJT の目標や計画を連動させることができると，より効果的な育成目標と
なるでしょう。

Check Point !

▷　管理職員が OJT の重要性を十分認識し，職場に浸透させていきましょ
　う。

▷　OJT は，①日常業務の中で職員とのかかわりを通して行う，②特別に
　時間をとって面談などを行う，③職場（部署）の活性化を通して職員集団
　育成を実施する，といったさまざまな機会を活用して実施しましょう。

▷　OJT は，PDCA サイクルによって進められます。

▷　OJT は，初任者に対して継続的に実施されるものもあれば，あるテー
　マや課題を設定して実施されるものもあります。

▷　OJT は，初任者に限定されず，中堅職員やリーダークラスの職員も受
　ける側になります。

▷　階層ごとに求められる役割や能力を土台に，一人ひとりの職員の個別性
　を尊重した育成を心がけましょう。

資料 2-1 階層別に求められる役割・能力スキル

階層	到達目標	役割 社会人	役割 組織人	役割 専門職業人	能力・スキル
上級管理職（施設長・所長）	社会情勢を踏まえ、組織の発展・安定化を目指し、職場全体を統括し、労務管理・人事管理・財務管理を的確に遂行できる。	・所属する法人・団体の存在意義や使命を理解し、法人・団体の基本理念や経営方針を示すことができる。 ・基本理念や運営方針を職員に周知し、基本理念や運営方針を行うことができる。実現に向けた環境整備を行うことができる。 ・社会情勢を読み取り、職場にもたらす影響を分析し、今後起こりうる問題を精査し、対応策や方向性を検討することができる。 ・地域福祉に貢献するべく、職場のもたらす機能や役割を検証し、実施に向けた取り組みを行うことができる。 ・職場の目標を設定し計画を立てて遂行することができる。 ・職員の割合が適正に業務を遂行できるよう、組織内の統制と職員間のコンプライアンスを徹底し社会ルールを遵守させることができる。 ・施設全体の問題や課題を的確に把握し、有効な解決策を導き出すことができる。適切な対応ができる。 ・職場に起こったトラブルに対して組織として的確に対応できるようにする。 ・利用者本位の支援・ケアを提供するべく、職員育成のための環境整備を行うことができる。研修体系の整備を行うことができる。 ・職員のメンタルヘルスなど健康管理にも配慮し、職員支援の仕組み作りを行うことができる。 ・人事計画に基づいた職員採用を行うことができる。 ・職員の適切な処遇および適切な労使関係の構築を行うことができる。 ・健全な収支バランスを保ちながら、部下への的確な指示とサポートを行うことができる。	・法人・団体の基本理念や運営方針に基づいた支援・ケアの方針を明らかにし、職員に周知することができる。 ・最新の社会福祉関連の動向や法令に関する知識や情報を入手し理解する。 ・福祉サービスの価値や倫理に基づいた支援・ケアを実施できるよう職場の方針を示すことができる。	・企画力 ・経営計画策定力 ・組織の統率力 ・人事管理能力 ・リスクマネジメント力 ・外部機関・行政機関・理事会への折衝能力 ・対応力 ・問題解決力 ・評価力 ・分析力 ・総合的な判断能力（意思決定力） ・する価値・職業倫理 ・業務に必要な知識・情報収集力 ・状況把握力

階　層	到達目標	役　割			能力・スキル
		社会人	組織人	専門職業人	
管理職（部長・課長）	職場の方針に基づき、方向性を明示し、部署の統括をし、業務管理、職員管理を行うことができる。		・法人団体の方針や施設長の意向を理解し、具体的な目標や計画を立案を作成し、目的達成に向けて部下に指示を出し取り組むことができる。 ・職場の行動計画の達成に向け、職員とともに取り組むことができる。 ・複雑で重要な職務状況を的確・迅速に把握するとともに、適切な判断を下しながら対応することができる。 ・職員が働きやすい環境を整備すべく、問題や課題を整理することができる。 ・後輩や部下の個性や能力を把握し、個性や能力を発揮できるような指導をすることができる。 ・上司の補佐役を担うことができる。 ・上司が正しい判断をできるような的確な情報を伝えることができる。 ・上司の考えとともに、部下や後輩の想いや状況を上司に伝えることができる。 ・現場で起こっている問題を的確に把握し、解決に向けて手立てを考えることができる。 ・人材育成の仕組み作りを考え、実施することができる。 ・部門を代表し、外部機関、行政機関、家族との良好な関係づくりと連携を図っていくことができる。 ・チームリーダーがリーダーシップを発揮できるよう指示・指導・支援することができる。 ・職場の求められる役割や能力を整理し、職員育成の仕組み作りを行い、部下とともに実施することができる。 ・業務改善に向けた問題把握ができるとともに、改善に向けた仕組みづくり、部下と協力しながら実施することができる。 ・部下の状況把握を行い、メンタルヘルスや抱えている困難に対して相談・対応ができる。 ・部下の業務の評価を行うことができる。 ・部下の指導を行うことができる。 ・職場のあるべき方向性を示すことができる。	・福祉サービスの価値や倫理を踏まえ、現場職員が的確に業務を遂行できるように指導することができる。 ・支援・ケアの考えを明示し、方針を示すことができる。 ・困難事例に対して総合的に判断し、困難や具体策を下すことができる。 ・提供している福祉サービスの評価を実施し、向上に向けた案を提示する。	・判断力 ・企画力 ・策定力 ・対応力 ・統率力 ・コミュニケーション能力 ・指導力 ・マネジメント力 ・情報把握力 ・問題解決力 ・評価力 ・分析力 ・専門職としての高度な専門知識・技能 ・俯瞰力 ・判断力 ・支援・ケアに関する価値・職業倫理

チームリーダー（主任・リーダー）	部署の要としてリーダーシップを発揮し、円滑な業務の遂行、職員育成を行うことができる。	日々の業務を振り返り、自己研鑽ができる。	・部下や後輩の能力が発揮できるような指導をすることができる。 ・チームリーダーとして部署の目標や方針を立案することができる。 ・部署の目標や方針を部下に示し、周知することができる。 ・部署の目標や方針に基づき計画を遂行することができる。 ・部下や後輩に的確なアドバイスや指示を出すことができる。 ・部署の目標や方針を踏まえ指示を行うことができる。 ・上司の補佐役を担うことができる。 ・上司が正しい判断ができるよう的確な情報を伝えることができる。 ・上司と部下や後輩の橋渡し役を担うことができる。 ・日々の業務が円滑に遂行できるよう業務の管理・業務の改善を行うことができる。 ・部署内の職員の業務の割り振りを行うことができる。 ・職場の問題解決に向けた手立てを考えることができる。 ・人材育成の仕組みを考え実施することができる。 ・部下や後輩の能力の向上に努めることができる。 ・問題をあらかじめ察知し、未然に手立てを有している。 ・部署内のトラブルに対して、問題の原因を分析し、的確に対応できる。 ・職員の労務管理（メンタルヘルス含め）を行うことができる。 ・部下の業務に対する評価を行うことができる。 ・部下や後輩の業務のモデルとなることができる。 ・部署間・職種間の連携を図ることができる。 ・部所内が円滑に業務を推進するようチームワークやコミュニケーションを推進することができる。	・利用者や家族の意向を踏まえ、より質の高い支援・ケアを実践できる。 ・困難事例などに対しても冷静に状況を分析し対応を模索することができる。 ・職員へのスーパービジョンを実施できる。 ・福祉サービスの価値や倫理を踏まえ現場職員が的確に業務を遂行するように指導する。 ・統括する部署内の利用者支援・ケア計画の内容を把握することができる。

・専門職としての高度な専門知識・技能
・分析力
・問題解決力
・コミュニケーション力
・提言力
・評価力
・調整力
・判断力
・情報収集力

階　層	到達目標	役　　　　　割			能力・スキル
		社会人	組織人	専門職業人	
中堅職員（3年以上の一般職）	自身の業務範囲を拡大・深化させるとともに部署の方向性を導く原動力としての役割を担うことができる。	・健康管理を徹底する等、仕事に従事する者としての自覚とともに行動が伴っている。 ・業務に従事する姿勢や態度についての自覚を持ち、日々の業務を振り返り、自己研鑽ができる。	・職場の基本理念や運営方針の理解を深め、それらに沿った思考・行動を行うことができる。 ・上司のサポート的な補助が伴っての部署の中核として（定型）業務を円滑に遂行する。 ・他の職員（他職種を含む）と連携しながら業務を遂行することができる。 ・現場の職員の中核となって（リーダーシップを発揮して）部署を導く。 ・上司の方針に基づいて日常（定型）業務を的確に遂行することができ、その役割を担うことができる。 ・職場の補佐役としての役割の補助を担うことができる。 ・チームの日常や目標や方針を踏まえた業務を遂行することができる。 ・職場内の問題に対して原因を分析し、解決・改善に向けた手本となることができる。 ・後輩職員の指導ができる。 ・後輩職員の育成ができる。 ・日常業務に関し様々な気づきをもとに改善に向けた提言と取り組みができる。	・福祉サービスの価値・倫理を踏まえ、福祉専門職としての的確な支援・ケアを行うことができる。 ・担当する利用者の支援計画を作成する。 ・利用者の状況に合わせて、困難な状況にある利用者に対しても個別支援を遂行できる。 ・自らの業務を利用者とともに振り返り、職業人としての質の向上に努めるとともに福祉サービスの質の向上に努めることができる。 ・ボランティアや実習生の指導をすることができる。	・利用者・家族・他の職員との良好なコミュニケーションや技術 ・高度な専門知識 ・自己研鑽 ・提言力 ・業務への対応力 ・指導力 ・実践力
初任者（新任者から3年未満）	法人・団体の基本理念・運営方針を理解し、日常業務を遂行できるようになるとともに福祉職員としての自覚を身に付けることができるようになる。	・社会性（時間、服装などの身だしなみ、挨拶、公私の区別）、電話対応、言葉遣い（敬語）を身に付けることができる。 ・社会人としての自覚を身に付けることができる。 ・仕事に対する責任感）ことができる。 ・日々の業務を振り返り、自己研鑽ができる。	・職場の基本理念や運営方針を理解することができる。 ・チームの一員としての自覚を持つことができる。 ・報告・連絡・相談の重要性や意味を理解する。 ・職場のルーティンや日々の業務内容や手順を理解する。 ・チームの一員としての自覚を持ち上司の指示の基に業務を遂行することを理解することができる。 ・就業規則等職場の決まりごとを理解する。 ・基本的な文書作成を行うことができる。	・福祉サービスの価値・倫理を身に付けて行動できる。 ・日々の業務に必要な基本的な知識・技能を身に付ける。 ・利用者の適切なかかわりができる（疾病や障害特性の理解、利用者との信頼関係形成）。 ・自らの業務のかかわりを振り返り利用者支援・ケアを行うことができる。 ・所属する部署内の計画内容を理解することができる。	・対人コミュニケーション能力 ・実践力 ・業務に対する理解力 ・日々の業務に必要な知識や技能 ・支援・ケアに関する専門知識・技能

注：(1) 職場の状況に合わせ、階層ごとに求められる役割・能力やスキルをご確認下さい。
　　(2) 階層ごとでサンプルの内容に合致すると思われる項目については蛍光ペン等でチェックを入れて下さい。
　　(3) ここに記載した内容以外で必要と感じられた事項があるうかと思うかと思いますので、追記して下さい。
　　(4) 一方、該当しないと思われる項目については削除して下さい。
　　(5) また、他の階層に該当する事項もあると思いますので、移動させて下さい。

<table>
<tr><td rowspan="2">第3章</td><td>日常業務の中での職員へのかかわり</td></tr>
<tr><td>——状況に合わせて複層的にかかわる職員育成</td></tr>
</table>

- 本章のねらい -

　第3章では，日常業務の中で OJT 担当者が指導育成に際して，どのように職員
にかかわっていけば良いのかについて説明しています。仕事の割り振りに始まり，
具体的な指導方法，職員とのかかわりにおいて取るべき態度，評価まで一連の流れ
に沿って説明します。職員の状況，職場（部署）の状況に応じてさまざまなかかわ
り方があります。

1　職員育成の準備

（1）職員の状況の理解

　OJT 担当者の最初の仕事は，新任職員・異動職員が職場に馴染めるように
すること，仕事に慣れるようにすることです。新任職員・異動職員は右も左も
分からない状況です。まずは新任職員・異動職員が職場に馴染むことができる
ようサポートしましょう。新任職員・異動職員をチームの一員として歓迎し，
不安を取り除きましょう。

　同時並行で仕事に慣れるようにサポートしましょう。日常業務の修得や利用
者とのかかわり方は言うに及ばず，とりわけ新任職員の場合は，職場の基本理
念や運営方針，就業規則，職場内の決まり事を伝え，福祉職員としての心得を
確実に身に付けてもらわなければなりません。これらの指導・教育を通して
徐々に仕事を覚えていくのです。

　育成においては，職員の経験値や能力，適性などを十分考慮して行いましょ
う。また業務に関して，どの程度専門的な知識や技能を有しているのかを見極
めましょう。職員の有する知識や技能を土台に，どのような知識や技能を身に

図表3-1　指示を受けた場合の業務遂行能力の違い

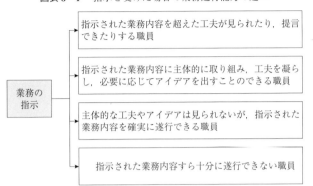

付けてもらうのかが見えてきます。

　一方，職員の仕事に対する総合的な力量も見極めましょう。業務の趣旨や意義を伝えれば自ら考えて行動できる職員，ヒントを出せば考えることのできる職員，すべて手取り足取り教えないといけない職員，教えたことの半分くらいしか修得できない職員などさまざまです。

　また，依頼されたことはするがそれ以上しない（できない）職員，依頼されたことすらできない職員，依頼されたことを踏まえて仕事の趣旨や意義を基に自ら考え，主体的に工夫できたり，必要に応じてアイデアを出したりできる職員など多様です。また指示された範囲を超えて，さまざまな工夫や提言のできる職員もいるでしょう（図表3-1）。

　一人の職員だけを見ても，成長過程で変化していきます。最初は一から十までしっかり教えないといけない状況，依頼されたことすらできない状況であっても，徐々に考えることや気づきを促すかかわりをすることで，自ら判断し主体的に行動できるよう，指導方法に変化を持たせることも意識しましょう（図表3-2）。職員の成長の可能性を信じて育成しましょう。

（2）仕事の意義の理解

　私たちは，「何のために」今の職場で仕事をしているのでしょうか。職場の

図表3 - 2　職員の力量の成長過程

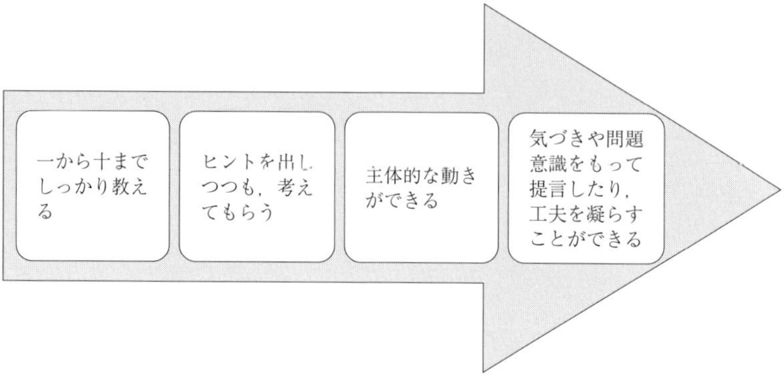

| 一から十まで しっかり教え る | ヒントを出し つつも，考え てもらう | 主体的な動き ができる | 気づきや問題 意識をもって 提言したり， 工夫を凝らす ことができる |

基本理念の実現，福祉の仕事の本質である利用者の個人の尊厳を尊重し，生活・権利利益を護り，自立生活の実現にあると説明しました。そのためのさまざまなプログラムや行事の企画・実施，定型業務なのです。

「何のために」というのは，仕事の意義・目的，あるいは仕事の究極の目標のことです。そこに向かって日々の業務があるのです。この「何のために」が理解できていると，おのずと「何を大切にすべきか」「何をどうすべきか」「いつまでにそれをやれば良いのか」が見えてくるのです。目指すものが見えていると，よりクリエイティブな発想が生まれてくるのです。

日常業務に終始すると，日常の定型業務を問題なく遂行すること自体が目的となり，受け身の姿勢となり，仕事に対する意欲・やる気が低下してしまいます。日常業務は重要です。しかし，そのことに終始したり，満足したりするのではなく，その先にある福祉の仕事の本質や目指すべき目標を一人ひとりの職員が意識し，職場として取り組んでいこうとする風土が非常に重要なのです。

そして，すべての職員が職場の基本理念や福祉の仕事の本質を知識として理解するにとどまらず，身体の中に浸み込ませていくことが何よりも重要で，職員育成の出発点となります。日々の業務は，一定期間経過すれば修得できます。新任職員に対し，日々の業務の修得に終始するのではなく，時間をかけても，利用者の個人の尊厳の尊重や想いを大切にしたかかわりを重視することを，こ

とばや態度で伝えましょう。そして，最初はこれらのことを意識しながら仕事ができるよう業務を割り当てましょう。

2　日常業務を通しての指導育成

（1）日常業務の OJT 手順

　日常業務を通しての OJT とは，業務の割り振りに始まり，割り振った業務の意義や目的・方針を説明し，見本を示し，仕事の手順やポイント・留意点を説明し，その内容を当該職員に整理してもらい，実際に仕事を行ってもらい，その過程でさまざまなかかわりを行い，振り返ってもらい，評価するといった一連の流れを通しての指導育成です（図表 3 - 3 ）。

　次の事例では，先輩職員が新任介護職員に夜勤業務を覚えてもらうため，日常業務でのかかわりを通して丁寧に指導しています。

事例 9　不安の強い新任介護職員に夜勤業務の進め方を丁寧に指導した事例

　山田さん（女性，20歳）は，この春に介護福祉士養成の専門学校を卒業して特別養護老人ホームの介護職として働き出しました。5 年目の石森先輩（女性，26歳）が OJT 担当者として山田さんの指導育成にあたることとなりました。石森先輩は山田さんに丁寧に仕事を教え，山田さんも日々の定型業務については，一通りできるようになりました。そこで，夜勤業務に従事してもらうこととなりました。

　山田さんは，いつかは自分も夜勤業務に従事することは分かっていたのですが，石森先輩に言われ不安を感じています。その様子を見た石森先輩は，山田さんの不安な気持ちを聴くことにしました。夜間帯で職員数が少なく，要領よく仕事を遂行しなければならない，緊急時に先輩方に頼ることができないため的確な判断・行動ができるか，といった不安がよぎってくるとのことでした。石森先輩は山田さんの気持ちを受け止め，だれでも最初は不安になるのは当然のことだと伝えました。

　石森先輩は，山田さんと何度か通常業務の指導育成とは別に夜勤業務についての話し合いを行い，夜勤業務のイメージを具体的に持ってもらうようにしました。また突発的な出来事の際には，想定される内容ごとにどうすべきかについても丁寧に伝え，どう動いていけばよいのかの確認もしました。話し合いの度に山田さんの不

図表 3 - 3　日常業務の OJT 手順

業務の割り振り・依頼	・当該職員になぜその業務を割り当てたのかの説明。 ・当該職員に期待することの説明。
意義・目的・方針	・業務の意義や目的の説明。 ・業務の方針の説明。
根拠を踏まえた 仕事の教え方	・見本，手順やポイント・留意点の提示，根拠の説明。 ・業務遂行に必要な知識や技能の修得。 ・当該職員のシミュレーションによるイメージ化。
業務の実施 声掛けやかかわり	・実際に業務を体験してもらう。 ・声掛け，見守り，支持，励まし，受け止め，共感。 ・相談，報告，問いかけ。 ・注意・指摘，指示，アドバイス，気づきの促し。 ・誉める，ねぎらいと感謝。
振り返りと評価の すり合わせ	・当該職員の振り返りと OJT 担当者の評価（良かった点・改善 点）とすり合わせ。
次のステップへ	・すり合わせを基に新たな取り組みへ。

安な気持ちを受け止め，「不安になることは当然のことである」と共感的態度を示しました。そして，具体的な手順やポイント・留意点の確認を行っていきました。

　石森先輩は，自分自身が新任の時に先輩や上司にどのように教えてもらったか，どうしてほしかったかを思い出し，説明方法を考えました。口頭でのやり取りだけでは，説明に漏れが生じたり，聞き漏らしたりすることがあるので，すでに職場で作成されていた夜勤業務のマニュアルやチェックリストに修正を加え，リーダーに添削をしてもらった上で新たな資料を作成し直しました。新たな資料を見ながら説明し，山田さんも同じ資料を見ながら一つひとつ確認していきました。加えて，山田さんには説明内容や自分自身の気づきなどで重要だと感じたことを，マーカーで印をつけたり書き込んだりするよう指示し，後で整理するよう伝えました。

　このようなことを何度か繰り返し，夜勤業務のイメージがおぼろげながらもできはじめた頃を見計らい，山田さんに石森先輩の夜勤業務の様子を見学してもらいました。その際，石森先輩は，チェックリストに基づき手順やポイント・留意点を説明していきました。ここでも，単に夜勤業務を遂行するだけでなく，利用者の尊厳や安心・安全・快適さを意識する介護の重要性を丁寧に説明しました。そして，見学した際の感想や実施するにあたっての手順やポイント・留意点について話し合い，より理解を深めてもらいました。

　数回，このことを繰り返し，石森先輩が側について山田さん主導で夜勤業務を実

施してもらうこととしました。その過程において，石森先輩は見守ったり，必要に応じて「大丈夫，それでいいですよ」と支持したり，励ましたりしました。時には押さえておくべきポイントや留意点を確認するために「注意すべきことは何でしょうか？」と問いかけたり，アドバイスや指示を出したりしました。徐々に石森先輩は介入を減らして，山田さんが一人で考え，行動できる見守り型のかかわりへと移行していきました。

　本事例は，夜勤業務に不安を感じている新任介護職員に夜勤業務の進め方を丁寧に指導した事例です。入職当初から山田さんは，石森先輩から直接業務に関する指導を受けることで，日々の定型業務内容の理解が深まりました。ところが，夜勤業務の話が出たことで山田さんは不安を感じてしまったのです。そこで，石森先輩は丁寧に山田さんに夜勤業務の指導を実施しています。

　石森先輩は，山田さんの不安を受け止めつつ，夜勤業務について丁寧に指導しています。面談を行ったり，利用者の尊厳や介護の本質を押さえた上で，具体的な手順やポイント・留意点を説明したり，考えてもらったり，新たに夜勤業務の資料を作成し活用したり，一緒に夜勤業務に入り見本を示したり，側で見守ったり，励ましたり，支持したりして徐々に山田さん主導で夜勤業務に従事できるようにしています。資料を基にした説明は，一貫性のある指導になるのです。その時々によって話の内容が変わっていたり，その時々の気分・感情で対応したり，偏った観点で指導・育成したりすると職員は混乱します。

　まさに，仕事をしながら業務の修得につなげているのです。業務に直結した形で，山田さんの理解度や修得状況を確認しながら指導しています。これによって，無理なく業務の修得につながっていったといえるでしょう（図表3-4）。

　今回作成した夜勤業務手順の資料は，今後新たに夜勤業務に従事する職員の指導にも役立つことでしょう。

（2）業務の割り振り・依頼

　OJTは，職員に業務を割り当てる段階から始まります。皆さんは，どのような基準で職員に業務を割り当てるでしょうか。職場（部署）の状況を見渡し

図表 3 - 4　仕事をしながら業務の修得につなげる過程

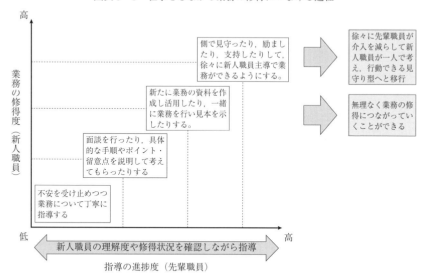

て，業務に余裕のある職員に割り振ることもあるでしょう。職員の適性を考慮して，職員の更なる成長を願って割り当てることもあるでしょう。

　単に「○○さん，この業務，お願いします」だけでは，割り振られた職員からすると，「なぜ私が？」「何をどうすればよいの？」と疑問が湧くだけです。業務を割り振る側の皆さんの想い，つまり，なぜ当該職員に業務を依頼したのか，どのようなことを当該職員に期待しているのかを伝えましょう。そうすることで，当該職員は自分の期待されている役割を理解し，積極的に取り組むことができるのです。

（3）業務の意義や目的，方針の伝達

1）日常の定型業務の意味

　福祉の仕事の本質や法人（職場）の基本理念を実現するために，日々の定型業務を含めさまざまな業務が存在します。これらの業務の一つひとつにも意味があります。その積み重ねを通して，あるべき姿，すなわち福祉の仕事の本質

や法人（職場）の基本理念の実現に近づいていくのです。日々の業務の意義や目的を伝えましょう。職員に，なぜその業務を行うのか，どのような意味があるのかを理解してもらうことが大切なのです。

　仕事を教える際に，単に仕事内容と方法を伝えるだけでは，指導を受ける職員は受け身の姿勢になってしまうのです。指示されたレベルの水準にとどまり，より高度な仕事につながりません。また，仕事の応用が利きません。職員のその業務に対する意欲も湧いてきません。

　福祉の仕事では，その時々の状況に応じて気づき，考え，応用を利かせ，臨機応変に動いていくことが求められています。指示された業務の意義・目的が分かると，その業務を完遂するための工夫や努力が見られるようになります。主体性が培われるのです。

　日々の定型業務を，例に考えてみましょう。たとえば「洗濯物をきれいにたたむ」という業務は，「利用者が着るとき，しわのないきれいな服を着ることができる」「気持ちよく着てもらえることができる」といえるのです。そうすると，どのようにたたむと良いのかを考えることができるのです。「タンスの中を整理する」という業務においては，「利用者が服を選びやすくなる」「きれいに整理されていると，すがすがしい気持ちになる」のです。どのように整理すれば良いかを，考えることができるのです。「ベッドメイキング」でも同じです。単にシーツを敷くだけの作業ではなく，利用者が快適に就寝できるように，しわがよって不快な思いをしないような工夫が必要なのです。これらの日常の業務は「早くやったら優秀な職員」ということではないのです。日常業務そのものが仕事の目的ではないのです。

　日々の業務の意義を理解し，その先にあるものを見据えているのと，単に業務を遂行するのとでは，一見同じ動きに見えてもその先にあるものが大きく異なってきます。

2）仕事の進め方の方針

　業務の意義や目的と並行して，どのような方針で進めて行くのかを伝えましょう。方針は，業務の意義や目的を達成するための方向性を指します。利用者

の介護業務において，単に身体介護を効率的に行うのではなく，「利用者の意向を尊重した介護」「利用者が安心できる介護」「職員に無理のない介護」といったことが介護の方針となるのです。この方針に沿って，具体的な身体介護の手順を考えていくのです。

（4）根拠を踏まえた仕事の教え方

1）業務修得に向けた手順やポイントの説明，見本の提示

　業務の意義・目的，仕事の進め方の方針を踏まえて，具体的にどう仕事を進めていけば良いのかを考えます。これが業務手順です。実際に仕事を教える際，日本海軍連合艦隊司令長官だった山本五十六の以下の有名なことばを押さえておきましょう。このことばには，OJTを実施する上で貴重なキーワードが含まれています。

　　やってみせ，いってきかせて，させてみて，ほめてやらねば，人は動かず
　　話し合い，耳を傾け，承認し，任せてやらねば，人は育たず
　　やっている，姿を感謝で見守って，信頼せねば，人は実らず

　OJT担当者が見本を示し，そして手順やポイント・留意点を説明します。これらをセットで行うと，さらに効果が上がるでしょう。見本を示すだけでは理屈が理解できません。また，手順やポイント・留意点を説明するだけではイメージが湧きにくいでしょう。モデルを見ることと理屈で理解することがつながることで，より確実な業務の修得につながっていくのです（図表3-5）。

2）根拠の提示

　仕事の進め方を説明する時に，忘れてはいけないことがあります。それは，「なぜこの手順で行うのか，なぜこの部分を押さえておかなければならないのか」「そうすることで，どのような成果を期待することができるのか」といった根拠を示すことです。単なるハウツーだけではなく，なぜ，その手順で行うのか，押さえておくべきポイントはどこなのかを理解することです。これらを

図表3-5　仕事の進め方を説明する際のポイント

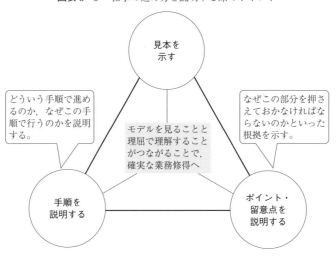

どういう手順で進めるのか，なぜこの手順で行うのかを説明する。

見本を
示す

なぜこの部分を押さえておかなければならないのかといった根拠を示す。

モデルを見ることと理屈で理解することがつながることで，確実な業務修得へ

手順を
説明する

ポイント・
留意点を
説明する

理解できることで，自ら考え，工夫し，実行に移すことができるのです。

　「仕事の意味を感じること」によって，一つひとつの仕事に息を吹き込ませることができるのです。仕事は，単に教えるのではなく，理解してもらうことが重要なのです。仕事の「意義・目的」と「何をどのように」を理解してもらえることで，より主体的な取り組みにつながっていくのです（図表3-6）。

事例10　業務手順は教えられているが現場での応用の利かない職員の事例

　由良さん（男性，22歳）は，認知症高齢者のグループホームで働いて2年目の介護職です。由良さんは，5年先輩の木下先輩（男性，27歳）に指導を受けながら徐々に夜勤も含め日常業務，利用者とのかかわりや介護業務を覚えていきました。木下先輩は丁寧に説明し，指導していますが，その場その場の場当たり的な指導となっています。しかも，口頭による説明に終始していたのです。また，手順やポイント・留意点を説明していましたが，なぜそうするのかといった根拠を示してはいませんでした。

　由良さんは，日常業務については一通りできるようになったのですが，日常業務や利用者とのかかわりで，修得しているはずのことができない日もあります。木下

71

図表3-6　仕事を理解することが主体性の発揮につながる

仕事の意義・目的	目　標	方　針	手順（根拠を含め）
何故その仕事を するのか	どのようなことを 目標にして行うのか	何故この方針で 進めていくのか	何故この手順（方法） で行うのか

単に仕事の進め方を説明するだけでなく，理解を促すことが重要

これらを
踏まえた上で

対人援助である福祉の仕事は，定められた手順通りには
進まないことも多く，主体性をもって行うことが重要

気づき

行　動　　主体性　　考　え

判　断

　先輩は，「説明したはずなのに」「できる時もあるのに」「何故できないのだろうか」と困惑することもあります。このような状況を克服する指導方法は見出せていません。
　また由良さんは，応用が必要な場面，機転を利かせて動く事が求められる場面では，躊躇して動きが止まってしまいます。由良さん自身もそのことは分かってはいるのですが，どうすることもできない，あるいは気づきに繋がらないのです。

　本事例は，場当たり的な指導にとどまっていたため，2年目の介護職が十分に業務を遂行できていない事例です。由良さんは日常の定型業務については一通り覚えたものの，説明された業務を十分修得できていないなど，育成が上手くいっていない面もあるようです。木下先輩からすると，「説明したのに」「基本を踏まえて自分で考えてほしい」あるいは「自分の説明の仕方が拙かったのだろうか」など，さまざまな思いがよぎっていることでしょう。
　由良さんからすると，「教えてもらった通りに行っているつもりだが，上手

くいかない」「さまざまな業務が複雑に絡み合っていることから，基本を教えてもらってもそれで十分業務を遂行できるわけではない，どうすれば良いのだろうか」といった戸惑いがあることでしょう。

　育成内容が日常業務の域を越えていなかったこと，系統立った指導育成になっておらず，その場限り（場当たり）の指導育成に終始していたため，不十分だったことは否めません。

　由良さんの応用が利かない，機転が利かない，というのはどこに原因があったのでしょうか。いくつか考えられます。木下先輩は由良さんに業務の手順やポイントは丁寧に伝えていたのかもしれません。しかし，「業務の意義」「目的」である「何故その業務を行うのか」「何故このような方法を用いているのか」といった「何故」，すなわち「根拠」を伝えていなかったのです。職員の側からすると，業務の内容，手順やポイント・留意点だけを教えてもらっても，常に同じ状況にあるとは限らないため，少し違った状況下になると教えてもらったことが当てはまらず，どうすればよいのか途方に暮れるのです。

　また，仕事を覚えることに精一杯で，振り返るところまで至っていないのかもしれません。目の前の仕事を覚えることに精一杯ということは，言い換えると受け身で仕事をしているともいえます。色々なことに気づき，どうすれば良いのかを考え，判断するには至らないのです。自主的で主体的な姿勢に変われるよう働きかけることが大切です。そのために，由良さんにその場面について振り返ってもらい，どうすべきだったのかを整理してもらうのも良いでしょう（図表3-7）。

3）資料を基にした説明・指導

　日常業務の修得や利用者とのかかわりの説明や指導法を，その場その場で行うことは重要ですし，業務に直結しており臨場感もあります。しかし，口頭での説明になってしまい，記憶やその時に思いついたことの範囲でOJT担当者が説明するので，漏れが生じてしまいます。また説明を受ける職員も，内容のすべてを記憶できるわけではありません。

　そこで，実施してもらう内容を，あらかじめ説明しておくことをお勧めしま

図表3-7　日々の業務の意味

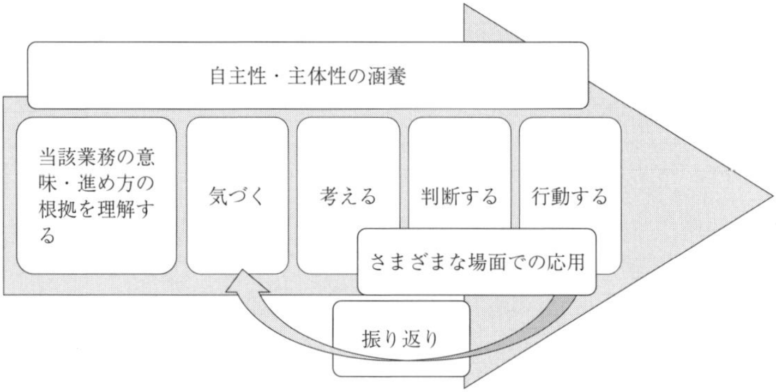

```
┌─────────────────────────────────────────┐
│          自主性・主体性の涵養              │
├──────┬──────┬──────┬──────┬──────┤
│当該業務の意│      │      │      │      │
│味・進め方の│ 気づく │ 考える │判断する│行動する│
│根拠を理解す│      │      │      ├──────┤
│る     │      │さまざまな場面での応用 │
│      │      ├──────┤
│      │  振り返り   │
└──────┴──────────┘
```

す。その上で，業務手順やポイントを記したチェックリストといった資料を見ながら説明すると漏れがなくなります。

　聞く側の職員への指導として，①OJT担当者が持っている資料を渡し，同じ資料を見ながら説明する，②OJT担当者は資料を見ながら説明するが，職員に説明内容をメモに取らせる，③指導する業務について職員に手順やポイントを書いてもらって整理するなど，色々な方法があるでしょう。

　いずれにしても，記憶に留めようとするのではなく，記録として残しておくことが重要です。職員も説明を受けた内容が記録として残っていると，後で見直すことができます。OJT担当者も再度説明の必要が生じた時に，資料を根拠に説明できます。一方，職員も「あの時に説明を受けた業務のことだ」と理解が深まるのではないでしょうか（図表3-8）。

4）当該職員が理解しやすい表現方法と理解度の確認

　説明・指導の際には，当該職員の理解できる分かりやすいことばや表現方法を用いましょう。初任者にいきなり専門用語を用いて説明しても，どの程度理解できるでしょうか。また，世代によって用いる表現方法も異なっているかもしれません。「当然これくらいのことは知っているだろう」「この表現方法で理解できるだろう」といった固定観念にとらわれないようにしましょう。当該職員が理解できなければ意味がないのです。単に相手に伝えるのではなく，「相

図表3-8　資料を基にした説明や指導の重要性

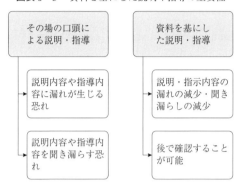

手に伝わる表現」を心がけましょう。マニュアルや手引きなど作成して文章化する，図表や写真・絵を用いて視覚的に理解を促すなどの工夫も必要です。

　そして，当該職員がどの程度理解できているのかを確認しましょう。十分理解できていない，誤った認識だったという場合は，再度説明をするなどして当該職員の理解度を深めていきましょう。

5）当該職員のシミュレーションによるイメージ化

　説明したり見本を示したりして，職員に実施してもらうのですが，その前にワンクッション置きましょう。職員にどういう手順で進め，押さえておくべきポイントや留意点はどのようなことかを整理してもらい，よりイメージが湧くように仕事の進め方をシミュレーションしてもらいましょう。その上で実施してもらいましょう。職員は，見本や手順・ポイントの説明を受けても上手くできるとは限りません。むしろ上手くいかないことの方が多いでしょう。そこで，教えられたことをそのまま模倣するのではなく，自ら考え，体験し，振り返り，新たな進め方の模索，といった主体的な業務の修得を心がけるべきです（図表3-9）。

6）職員の想いの尊重

　職員が主体的に仕事に取り組めるよう，企画の段階から参画してもらい，意見をどんどん出してもらい，出てきた意見を可能な範囲で尊重し採用するよう

図表 3 - 9　主体的な業務の修得

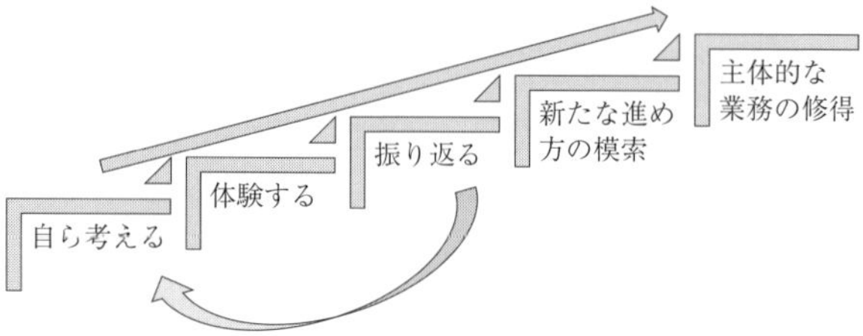

心がけましょう。「自分たちがつくりあげてきた」「意見が採用された」と思えるからこそ，何かを行う際に責任をもって取り組むのです。

（5）業務の実施

1）業務の体験

　教えてもらったことや自分なりにシミュレーションした内容を踏まえ，実際業務を体験してもらいます。体験することで見えてくる課題を，理解できることもあります。いきなり完全な形で上手くいくとは限りません。戸惑った点や失敗した点を振り返り，改善点を考え，次につなげていきます。

2）業務修得を促進するかかわり

　職員にその業務をしてもらう中で，質問を受けたり，相談にのったり，OJT担当者から質問を投げかけたりすることもあるでしょう。職員の仕事ぶりを見守ったり，支持したり，励ましたり，時には具体的な指摘や指示を出したりします。仕事の進捗状況の報告を受けた際に，アドバイスをしたり励ましたりすることもあるでしょう。また，ある場面を指して「あの時，どう思いましたか？」「あの時，あのように動いたのは，どういう判断からだったのでしょうか？」「あなたなりの考えがあったのではないですか？」と問いかけて，考えてもらうのも良いでしょう。そのことを通して職員は，自分のその時々の考えや動きの一つひとつに意味を見出すことができるのです。

　職員が行き詰まっていないか，悩んでいないかを確認する意味で，「○○の件，その後どのような状況ですか？」と報告を求めても良いでしょう。不適切

なことをしている時は，注意することもあるでしょう。そして，正しい方法を
教えていくでしょう。

　問いかけをした時，報告を受ける時，相談にのっている時，アドバイスや指
示を出している時，注意している時などの職員とのかかわりは，コミュニケー
ションなのです。一方的にならないようにしましょう。双方向のやり取りがあ
って，初めてコミュニケーションは成り立ちます。職員の想いを丁寧に聴き，
受け止め，内容によっては共感する態度を示しましょう。職員自ら考え，気づ
きを促すかかわりがとても重要なのです。

3）誉めること・ねぎらいと感謝

　職員が仕事を行っている過程全体において，職員の仕事ぶりを丁寧に見守り
ましょう。できている時は，「できていますよ，それで良いですよ」と伝えま
しょう。仕事に対するねぎらいや感謝のことばも，忘れないようにしましょう。
できている時は何も言わず，できていない時だけ注意・指摘するのでは効果は
ありません。なぜなら，職員からすると，「仕事ができている時は何も評価し
てくれないのに，できていない時だけ注意してくる上司だ」とみなしてしまう
からです。

　特に，初任者は自分の仕事の進め方に不安を感じているのです。皆さんから
するとできて当然の業務にも，不安を感じているのです。その時に一言，「大
丈夫，それで良いですよ」「できていますよ」と声を掛けることで，職員は安
心しますし，自信にもつながります。そして，何よりも，普段から自分の仕事
ぶりを見てくれている皆さんに信頼を寄せるのではないでしょうか。

4）一つひとつの業務の積み重ね

　仕事に不慣れな職員の場合，多くの業務を一度に修得することは困難であり，
無理をさせると，自信喪失に陥る恐れがあります。職員の状況を見極めつつ，
簡易なこと，得意とすることから始め，自信を付けてもらってから，徐々に業
務の範囲を広げていきます。一度実施してもらってできたからといって安心す
るのではなく，繰り返し実施してもらい，確実な修得につなげていきましょう。
一旦修得できた業務であっても，抜け落ちることがあったり，状況が少し変わ

ることで不安になったりすることもあります。そこで，時々，進捗状況を確認
し，見守るなど適切な対応を行うことで，より精度の高い修得につなげていき
ます。

　新たな業務の修得は不安であるため，一緒に付いて行ったり，励ましなどの
声掛けをしたり見守ったりして，共にという姿勢を保っていきましょう。当該
職員の安心感につながります。

（6）振り返りと評価のすり合わせ

　仕事が一段落したら，職員自身に振り返ってもらいましょう。当初，目標と
定めていた内容を修得できたのか，自己評価してもらいましょう。その際，単
に「達成できた，できなかった」だけでなく，どの部分を頑張った，工夫した
とか，どこが難しかったか，上手くできなかったのか，どう改善していけば良
いのかといったことまで踏み込んで振り返ってもらいましょう。

　OJT 担当者も，当該職員の仕事ぶりを見て評価しましょう。目標と定めて
いた内容を修得できたかを評価するとともに，職員が頑張っていたこと，工夫
していたところ，できていることは適切に誉めましょう。改善を促したい点も
適切に指摘したり，職員に考えてもらったりしましょう。仕事をさせっぱなし
では不十分です。「あなたの仕事ぶりを見ていましたよ」と伝えましょう。

　その上で，職員の振り返りと皆さんの評価をすり合わせ，新たな目標を設定
しましょう。職員の仕事に対する評価まで含めて OJT の一連の流れが成り立
つのです。

3　特定の職員を対象としたかかわり

（1）OJT 担当者からの積極的声掛け

　OJT 担当者から，職員に積極的に声掛けを行います。具体的には，業務の
進捗状況の確認をしたい時，職員が悩んでいる・行き詰まっていると思われる
時，不適切なことをしている時などです。本来，職員から報告・連絡・相談が

あるべきですが，それができていない場合もあります。そのような時は，OJT担当者から声掛けを行うことで，状況把握や問題の改善につながります。

　声掛けをきっかけに，相談にのったり，悩みを受け止めたり，見守ったり，励ましたり，支持したり，ヒントを出したり，具体的な仕事の進め方をアドバイスや指示したりするなど色々なかかわりへと広がっていきます。OJT担当者からの声掛けは，「このような状況の時は，報告・連絡・相談するのですよ」ということの理解を促すことにもなります。

　声掛けをする時は，「大丈夫？」といった抽象的な声掛けでなく，「○○の件ですが，その後どうなっていますか？」「○○の件で悩んでいるように見受けられますが……」など具体的なテーマに切り込んで声掛けをしてもよいでしょう。

　抽象的な声掛けだと，「何を聞かれているのか分からない」と思われるかもしれません。また，表面的に「大丈夫？」と聞かれたので，表面的に「大丈夫です」と返答してしまうかもしれません。核心を突いた声掛けをすることで，踏み込んだやり取りにつながっていきます。

　一方，職員が報告・連絡・相談しやすい環境をつくることが何よりも大切です。たとえば，OJT担当者が「話しかけてほしくない」といった雰囲気を出したり，バタバタとしたり，イライラしたりしていると，職員は話しかけにくくなります。和やかな雰囲気，落ち着いた雰囲気を醸し出し，職員が話しかけてきた時は極力手を止めて話を聴くといったことを心がけましょう。

　一方，仕事に前向きに取り組んでいる時にも声掛けをすることで，OJT担当者が自分の仕事ぶりを見てくれている，承認してくれていると感じることでしょう。このことが，より高度な仕事の実現へとつながっていくのです。

（2）業務に必要な知識・技能の伝達

1）知識・技能の修得

　当該職員がその仕事を達成するのに，必要な知識・技能について教育しましょう。たとえば，利用者とのかかわりにおいて，必要な知識や技能を考えてみ

ましょう。まずは，専門的援助関係を形成するためにバイステックの7原則を
理解してもらいましょう。また，一般的な対人コミュニケーション技法や面接
技法も必要でしょう。さらに，利用者の疾病や障害特性に関する知識も必要で
す。認知症高齢者の理解を深め，どうかかわっていけばよいのか指導していき
ましょう。原理原則を踏まえて，それを活かして個々の利用者にどうかかわっ
ていけばよいのかを指導していくのです。業務に必要な知識や技能を抜きに
「利用者の○○さんには，こうかかわります。△△さんには，こうかかわりま
す」といったハウツーだけを教えても応用ができません。

2）業務手順書の作成

　業務手順書を作成し，マニュアル化します。説明文を簡潔に記したり，写真
を撮り視覚的に理解できるよう促したりします。業務のポイントを写真ととも
に示すことで，より具体的に理解できるようになります。また，マニュアルや
手引きを当該職員と一緒に確認していくことで，より理解が深まるでしょう。
さらに，動画を撮影して見本を示し業務の一連の流れを理解することも効果的
かもしれません。動画の中で業務の手順やポイントを示しながら見本を示すこ
とで，より理解が深まります。動画や写真など形に残すことで，指導する側，
指導を受ける職員双方がいつでも確認できます。そして，実際に体験すること
で，さらなる理解に繋がります。

3）知識・技能の修得のための学習会

①　実体験を通しての学び

　知識や技能を習得するための学習会を開催します。例えば，嘔吐物の処理方
法について考えてみましょう。嘔吐物の危険性について，ウイルス感染に関す
る知識が不可欠です。この知識があって，危険性を理解できるのです。では，
利用者の安全を確保した上で，どう処理すればよいのでしょうか。どこに処理
キットが置いてあるのか，どのように使用するのか，どのような手順で処理す
るのか，気を付けなければならないことはどのようなことか，後始末はどうす
るのか，最後の手洗いなどの消毒も含め説明したり，見本を示したりします。
ビデオ撮影しておくと，何度でも使えます。実際にゼリー状物体を嘔吐物に見

図表 3 - 10　知識や技能を土台にした実践への結び付け

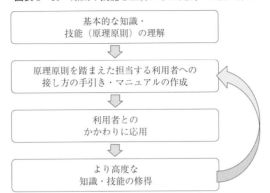

立てて，練習してもらうことで技能の修得になります。

　②　勉強会を通しての学び

　また，利用者支援・ケアに関しては，支援・ケアの方法について，勉強会を開催し具体的に学んでもらったり，書籍・資料を渡し学習してもらったりします。単に伝えたり勉強会に参加してもらったり，書籍・資料を渡したりするだけでなく，どの程度理解しているのか，どう実践に活かせるかの確認をする必要があります。原理原則を学んでもらった上で，実践に活かすために，学習した内容についてどのようなことを感じたのか，どのように利用者とかかわっていこうと考えているのかを聴いたり，職員からの質問に答えたり，さらに自己学習を深めるヒントを提示したりします。そして，基本的な知識・技能（原理原則）を踏まえて，担当する利用者へのかかわり方についての手引き・マニュアルを作成しても良いでしょう。実際に利用者にかかわってもらう中で，理論的根拠を理解できているか，実践できているかを見守ります（図表 3 - 10）。

（3）日々の業務の振り返り

　採用・異動初期の頃は，戸惑ったり，悩んだり，イライラしたり，不適切なかかわりとなったりすることもあります。当該職員が振り返ることのできるような時間を設けましょう。終業前の30分程度を活用し，1日の感想，頑張った

ことや工夫したこと，疑問・質問，翌日の目標など記載してもらいます。そして，OJT 担当者のコメントを忘れないようにしましょう。

事例11　2 年目の保育士に子どもの言動の背後にある要因の洞察を促した事例

　山根さん（女性，22歳）は，2 年前に保育士養成の短期大学を卒業して保育所で保育士として働き始めました。明るく活発な山根さんは，子どもたちからも人気がありました。積極的に子どもたちとかかわり，また日中のプログラムにもいろいろな工夫を凝らしながらクラス運営を行っています。ところが，子どもたちとのかかわりにおいてはやや表面的で，その時々の子どもたちの言動の意味するところまで理解することがあまりできていません。

　子どもが急に不機嫌になったり泣き出したりしても，その場限りの対応に留まっています。山根さんも特段気に留める様子もなく，実践記録にも詳しく記載されていません。保護者との連絡帖にも記載していません。ところが，子どもが自宅で泣いていたり，不機嫌だったりして，保護者が心配して保育所に連絡を入れてくることもあります。また，保育所に来所した子どもに元気が無くとも，それほど気に留める様子もなく保育を行っています。

　このような状況の山根さんに，生田主任（女性，48歳）が「もう少し，子どもの様子を詳しく観察して下さい」と指摘するのですが，山根さんは「分かりました」と返事するだけで，一向に子どもの言動の背後にある状況を理解しようとしません。山根さんは，子どもに対して「単に機嫌悪いのかな」くらいにしか思っていないようです。

　そこで，生田主任が具体的な場面を取り上げ，子どもの様子について尋ねることとしました。いつもと表情や動作など異なると感じたことはなかったか，急に泣き出したり（怒り出したり），あるいは表情が明るかったりしたその直前にどのようなことが起こっていたのか，なぜ子どもが急に泣き出した（怒り出した）と思うのか，表情が明るいのか，その時の子どもの気持ちはどのようなものだと思うのか，取り上げた場面に見え隠れする背景を，いくつかの要因に分けて考えてもらうこととしました。そして山根さんはどう対処したのか，なぜそのような対処をしたのか，対処した方法についてどう考えているのかについても整理してもらいました。

　朝一番の子どもの様子をしっかり見て，いつもと違うと感じたら家で何かあったのではないかなども考えてもらうこととしました。そのためには，普段の朝一番の子どもの様子も意識して見るように促しました。

　生田主任は，単に山根さんに「考えて下さいね」と伝えるだけでなく，面談の時

間を設けて子どもの言動の背後にある要因を山根さんに振り返ってもらい，山根さんの気づきを促すかかわりを心がけました。最初は，「さあ，よく分かりません」といった返事が多く見受けられました。生田主任は，可能な限り子どもが急に泣き出したり（怒り出したり）したり，表情が明るかったりした時には，その場面を取り上げ振り返りの面談を設けるようにしました。

　子どもの様子を冷静に分析できた時や山根さんなりの振り返りができた時には，「良い洞察ができました」と誉めたり，励ましたりしました。あるいは，「○○といったことは考えられませんか？」と問題を投げかけ，洞察を深めるためのヒントを提示しました。

　本事例は，子どもと表面的なかかわりはできるが，言動の背後にある要因の洞察が苦手な保育士に対する指導事例です。さまざまな場面でいろいろな出来事があって，子どものその時々の心身の状況は変化していきます。対人援助の専門職は，その状況を把握し，適切な対応が求められています。山根さんは，明るく活発で積極的に子どもにかかわっていくこと自体は大変良いことなのですが，専門職としての洞察が苦手でその必要性をあまり感じていないようです。「何かあったのかな」「元気ないな」「子ども同士のけんか」「今日はよく笑うね」くらいにしか捉えていなかったのでしょう。

　生田主任は，単に「子どもの言動の背後にあるものを考えなさい」と指示するだけではなく，いくつかの洞察する上での要因を示し，それについて考えるように促しています。さらに，面談の機会を設け，一緒に考えていこうという姿勢を示しています。山根さんと生田主任とのやり取りを通して，山根さんの気づきを促すかかわりを心がけているのです。そして，山根さんの気づきを着実に受けて止めて，誉めたり励ましたりするといったフィードバックも行っています。一足飛びには行きませんが，幾度となく繰り返すことで山根さんは子どもの言動の背後にある要因を意識した対応ができるようになっていくのではないでしょうか。そのことをできることによって，日常の定型業務を遂行するだけの保育士から子ども発達を意識した保育士へと成長していくことでしょう。

（4）交換日誌の実施

　OJT 担当者と職員との間で，交換日誌を交わしてもよいでしょう。OJT 担当者と職員とが毎日同じ勤務に就くとは限りません。OJT 担当者が職員の動きや抱いている想いを把握できるわけではありません。毎日，業務終了間際（終了後）に面談の時間を取れるわけでもありません。そこで，OJT 担当者と当該職員とのコミュニケーションツールとして交換日誌が有効です。職員のその日１日の様子を書き記した業務日誌を記載してもらうのです。１日の目標，自分なりの課題，意識して取り組んだこと，工夫したこと，難しいと感じたこと，そのほか質問などを記載してもらうのです。

　OJT 担当者は，新任職員が記載した日誌にその都度目を通して速やかにコメントを付けて返却しましょう。時間がない時は，頑張っているところや工夫しているところに下線を引いて「good!」「nice!」と記載するだけでも効果はあるでしょう。「はなまる」を付けても良いかもしれません。交換日誌には，OJT 担当者が当該職員に対してアドバイスができるという意味と当該職員の気づきにつながるという意味があります。

　いずれにせよ，職員が記載した内容に対するレスポンスが重要なのです。レスポンスがあると，「見てくれている」「自分の頑張りや苦労を分かってくれている」「悩みに対して応えてくれた」といった安心感，皆さんに対する信頼感が芽生えてくるのです。レスポンスがないと，職員の日誌への記載は長続きしないでしょう。

　最初は毎日のように記載してもらうのですが，１カ月くらい経過後は徐々に頻度を減らしていけば良いでしょう。新任職員も最初の１カ月くらいは分からないことが多くあります。OJT 担当者が職員の状況を把握し助言・指導する必要があります。日々の業務について一通り経験すると，日誌に書く内容も減ってくるので，頻度を減らしても良いのです。そうすれば，それほど苦にならないでしょう。

　交換日誌は，数カ月経過後に行う職員の振り返りの資料としても有効です。「あの時，このようなことで悩んでいたんだ」「このようなコメントやアドバイ

スをもらったんだ」と振り返ることによって，自分自身の成長の度合いを確認することにもつながります。

　日誌に書くのが難しいという職員の場合，疑問に感じたこと，難しいと感じたことについて，簡単なメモを取ってもらってもよいでしょう。メモを取ることで課題の整理につながります。質問や疑問が生じた日の終わりの時間に，少しでも時間を取って面談を行ってもよいでしょう。その際，質問しやすい環境づくりに心がけましょう。丁寧に話を聴くという姿勢を示しましょう。「今更，そんな質問？」「そんなことも分からないの？」といった雰囲気で接すると，2度と質問は出てこないでしょう。

（5）定期的な面談

　日々，忙しい業務の中で毎日振り返りをできると良いのですが，必ずしも現実的でない職場もあります。面談を定期的に行い，業務の進捗状況を確認したり悩みの相談にのったりするのも良いでしょう。定期的に面談を行うことで，職員は見守ってもらえるという安心感を覚えることでしょう。

　特定の課題や業務にテーマを絞ってOJTを実施している場合は，内容によっては，毎日面談を行う必要はないかもしれません。業務の進捗状況に合わせ，面談を設定するのも良いでしょう。

　職員の悩み，頑張りをOJT担当者だけでなく，上司にも職員なりの想いを伝えることも効果的と言えます。上司として職員の状況把握が可能となり，職場としての対応に幅が広がりますし，職員も分かってもらえたと安心感を抱くことができるでしょう。

（6）周囲の職員への協力依頼

　OJT担当者と職員との勤務が同じではなく，一緒に仕事をすることができない場合や日によって指導者が変わり，職員の日常業務を見守ることが難しい場合があります。日常業務についてはOJT担当者以外の職員に同行して仕事を覚えることも多いでしょう。このような場合は，その日によって指導する職

員が異なっているため，指導内容や指導方法が異なってくることもあります。そうすると継続性・一貫性が損なわれてしまいます。どこまで教えたのか，どこまで理解できているのか，その当日の指導者同士の引き継ぎが上手くいかないなど，さまざまな問題が生じてきます。

　そこで，チーム全体で育成するという意識を浸透させます。職場の仕組みとして，その日の指導者となる職員は，我流で行うのではなく，指導者としての意識をもって指導に当たるということを説明，周知し，協力を依頼します。

　一定の基準に基づいて職員を指導するには，職場として，支援・ケアの方針や方法の共有（具体的なかかわりや介護方法，留意すべき点などを記述しての見える化），日誌による状況把握，OJT 担当者との定期的な面談の導入，チェックシート作成・振り返りによる確認，職員間での情報の共有（記録など）が必要です。連絡票を作成し当該職員の成長度を共有する（先輩職員が当該職員の状況を記録し，何が終わって何ができていないかが分かるようにする）など，さまざまな方法が用いられています。

　これらのことを確実に行うには，相当な意思の統一と努力が求められるでしょう。支援・ケアの方針や方法を統一するといっても容易ではありません。統一されていたとしても，すべての先輩指導者が全く同じ基準で指導するのは現実的ではないかもしれません。ある程度の先輩指導者の裁量が働き，物事の捉え方や進め方は人によって異なって当然です。そこで，先輩指導者任せにするのではなく，OJT 担当者との定期的な面談を導入し，職員と一緒に整理する機会を設けることが大切となります。定期的な面談の期間は，職場の状況やOJT を受ける職員の状況によって異なってきます。1 週間に 1 度の面談を確保できると良いでしょう。

（7）モニタリングの実施

　一定期間が経過した後に，目標の到達度や職員の成長度合いを確認するための振り返りと評価の機会を設け，自己評価（振り返り）を行ってもらいましょう。または，面談を行ってもよいでしょう。アンケートをとってもよいでしょ

図表3-11　モニタリングの流れ

目標の到達度合い	
できているところ，できていないところ	上手くいった・いかなかった要因の分析

取り組み姿勢			
工夫したこと	努力したこと	難しかったこと	困ったこと・

自身の成長度合い	
できるようになったこと	自身の成長ぶりの自覚

OJT担当者の評価		
達成できた箇所・達成できていない箇所	工夫が見られた点や成長した面・改善が必要な面	具体的なアドバイスや指導

今後に向けての改善

う。単に，目標の達成度合いを振り返るだけでなく，工夫したこと，努力したこと，苦労したこと，難しかったこと，困っていることなどを率直に表現してもらいましょう。自分自身，どう変化したと思うかなど成長度合いも振り返ってもらいましょう。想いに近づけているか，気持ちの変化はあったかなど再確認して，継続性をもたせるとなお良いでしょう。

　そして，今後どうしたいかを考えてもらいましょう。その際，できていること，できていないことを整理し，できていることについては上手くいった要因を分析し，できていないことについては上手くいかなかった要因を，当該職員なりに分析してもらいましょう。その上で，ステップアップすること，改善すべきことを考えてもらいましょう。

　まずは，当該職員が想いを表現できるよう努め，丁寧に話を聴き，受け止めましょう。その上で，OJT担当者として当該職員の頑張りを評価しましょう。達成できた箇所・達成できていない箇所，工夫が見られた点や成長した面・改

善が必要な面など具体的に提示しても良いでしょう。さらに，具体的なアドバイスや指導が必要な場合もあるでしょう（図表3‐11）。

Check Point !

▷　福祉の仕事の本質・法人（職場）の基本理念を前提として，一つひとつの業務の意味を的確に伝え理解してもらいましょう。

▷　受け身の姿勢ではなく，主体的な業務の修得につなげていきましょう。

▷　山本五十六の「やってみせ，いってきかせて，させてみて，ほめてやらねば，人は動かず（後略)」のことばを踏まえて，OJT を実践してみましょう。

<table>
<tr><td>第 4 章</td><td>職場全体で行う OJT
──職場（部署）の活性化を通しての職員育成</td></tr>
</table>

─ 本章のねらい ─

　第4章では，職員集団を対象とした OJT の実施方法について紹介します。職場
（部署）の活性化を意図した職員集団とのかかわりを紹介しています。集団の力を
有効活用することで職場（部署）が活性化すると同時に，職員一人ひとりの成長も
目的としているのです。OJT リーダー養成研修等の研修参加者が実施している内
容を整理しています。職員集団を対象とした OJT は，複数の職員の育成と職員同
士の相互理解の機会ともなります。

1　職場（部署）の活性化

（1）職場（部署）の活性化を通しての一人ひとりの職員の成長

　皆さんの職場（部署）の雰囲気は，どのようなものでしょうか。活き活きと
しているでしょうか，沈滞化しているでしょうか，惰性やマンネリ化の中で仕
事をしているでしょうか。OJT には，集団の持つ力を有効活用して，職場（部
署）の活性化と職員一人ひとりの成長につなげていくスタイルもあります。あ
るテーマについて，職場（部署）の職員一人ひとりを指導していくには限界が
あります。そこで，共通のテーマについて皆で考えて改善やステップアップを
目指し，職場（部署）がより良い方向に向かったとするならば，その職場（部
署）に属する一人ひとりの職員の成長につながるのです。

　「問題のない職場はない」と言っても，過言ではないでしょう。また，理想
と現実との間には差があるものです。「理想は理想であって，実際は理想通り
にはならない」と思われている方も多いと思います。しかし，理想を追い求め
ないで現実に満足したり甘んじたりしていては，福祉サービスの質の向上につ

ながりません。職場は活性化しません。理想通りになっていない現実を単に否定するのではなく，現実を踏まえ，問題意識と改善意識を持つことが重要なのです。そして，少しでも良い方向に向かうという共通認識を持って職場（部署）の職員が取り組んでいるという過程が重要なのです。その気持ちがあるからこそ，職場（部署）は活性化し，その中にいる一人ひとりの職員も前向きな姿勢で仕事に取り組めるようになるのです。

　一方，素晴らしい取り組みをしている職場（部署）は，現状に満足することなく，さらに高度なことを追い求めていることでしょう。

（2）さまざまな想いが混在する職場（部署）

　職場（部署）には，さまざまな想いを有する職員が働いています。チームリーダーがあるべき姿を伝えても，職員がそれに従うとは限りません。かといって，沈滞化の風土に甘んじるのではなく，改善につなげていく必要があります。問題意識を持っている職員もいることでしょう。現状に馴染んでしまっている職員もいることでしょう。職員の想いを理解し受け止めつつ，職員の自覚を促すかかわりが不可欠となります。そして，いきなり理想を目指すのではなく，現実的にできるところから，まず1歩を踏み出すことが重要なのです。

事例12　職員間のコミュニケーションの円滑化に取り組んだ事例

　坂口リーダー（女性，33歳）は，この春までは，同法人の別の特別養護老人ホームの介護職として働いていました。法人内の人事異動でユニット型の特別養護老人ホームのユニットリーダーに昇進しました。

　ところが，異動先では介護職員同士の報告・連絡・相談が不十分で，最低限の申し送りはできているのですが，それ以上のコミュニケーションが図られていません。「私は聞いていない」と言って声を荒げる職員もおり，職員関係も円滑ではありません。情報の共有ができていなことで，ミスが生じたり，利用者や家族からの苦情も聞こえてきたりします。

　これまで何度かコミュニケーションについての問題は話題になったそうですが，なんら改善がなされないまま，今日に至っているとのことです。現状に疑問を感じている介護職員もいるのですが，職員関係の悪化が表面化するほどの状態になって

しまい，どうにもならないとのことです。

　坂口リーダーはこのままではいけないと思い，「円滑なコミュニケーション」について取り組むこととしました。円滑なコミュニケーションについて，あるべき姿を伝えたのですが，「具体的にどうすれば良いのか分からない」「どのようなことを情報共有すれば良いのかの意思の統一ができていない」「自分は確実に情報共有しているのに，他の職員がしようとしない」など否定的な意見が多く寄せられました。

　そこで職員が自らあるべき姿を考えるよう，坂口リーダーはあるかかわりを試みました。まず，ユニットの職員にアンケートを配布し，福祉（介護）に対する想いを聞きました。「福祉（介護）の仕事に就こうと思った動機は何か」「仕事をしていく上で大切にしていることは何か」「どのような介護職員になりたいか」という3項目について自由記述で記載してもらいました。

　その中に，「情報共有の大切さ」「チームとして取り組むことの大切さ」といった記述が複数見られました。そこで，これらの内容を踏まえ，具体的にどのように進めていけば良いのかについてユニット内で話し合いをしました。ところが，中々意見が出てこなかったので，付箋紙を複数枚配って各自記載してもらうこととしました。そうすると，色々な意見が出てきました。出てきた内容を，職員が協力して整理しました。

　その際，「あれはダメ」「そんなの無理」といった否定的な意見を言わないこと，整理の過程でも新たな項目の追加を OK としました。報告・連絡・相談がなぜ重要なのか，円滑なコミュニケーションができるとどういったメリットがあるのか，逆にできていないとどういったデメリットがあるのかを皆で考え，以下のように整理しました。

報告・連絡・相談の重要性──仕事は，一人で行うのではなくチームプレイである

・情報共有することで組織としての対応が可能となるため
　→問題やトラブルが生じても最小限にとどめすぐに対応できる
　　（リスクマネジメントの観点）
　→職員同士の相互援助やフォローし合うことができる
　→仕事は組織として行っており，一個人では責任が取れない
　　（責任所在の明確化）
　→自分の身を守るためにも必要である
・利用者の生活や生命を守ることにつながるため
・統一した業務や支援・ケアを行うため
・質の高い支援・ケアにつなげるため

　　・職場の状況や問題を整理し，活性化につながるため

　　・業務がスムーズに遂行できるため

　　・職員間の葛藤を防ぐことができるため

　　・事故やミスを軽減するため

　　・利用者や家族からの苦情を少なくするため

　　・利用者や家族などに不信感を与えないようにするため

　　・先輩や上司から的確な指示を受けるため

　　・職員自身の振り返りにつながるため

　その中ですぐに実行できそうなこととして，職員同士の挨拶を確実にすること，お互い声を掛け合うこと，報告・連絡・相談すべき事柄を整理し周知すること，利用者のことで気づいたことがあったら「気づきメモ」に箇条書き程度で記載し情報共有すること，が決められました。

　坂口リーダーも，率先してユニット内で報告・連絡・相談を意識して模範を示すように努めました。最初は，非協力的な職員がいたり，意識しているつもりでも上手く情報共有できていない職員もいたりしたのですが，坂口リーダーは根気強く情報共有の重要性を訴え続けました。

　本事例は，ユニット内の職員集団を対象として，部署の活性化を通して職員の育成に取り組んだ事例です。坂口リーダーは最初あるべき姿を口頭で伝えましたが，効果はありませんでした。むしろ，できない理由だけがクローズアップされてしまいました。異動して間もなく，信頼関係が十分できていない時期に職員にあるべき姿だけを伝えても，上手くいかなかったのでしょう。さらに一方的に伝えたことで，より困難な状態になってしまったのです。

　そこで坂口リーダーは，職員の想いを理解することとしました。しかも，ダイレクトに職員間のコミュニケーションやチームワークについて尋ねるのではなく，もっと大きな枠組みの福祉（介護）の仕事についての想いを尋ねたのです。そこから出てきたキーワードを拾い，「情報共有の大切さ」「チームとして取り組むことの大切さ」について考えてみることにしたのです。

　しかし，話し合いをしても意見が出てきません。職員はそれぞれに思うところがあるのですが，職員関係が円滑ではない状況では，意見が出てこないのも

当然といえるかもしれません。そこで，付箋紙に各自記載してもらうと，色々な意見が出てきました。これらの内容を基に話し合いの場を持ち，職員に整理してもらったのです。

　できない理由を挙げるのではなく，報告・連絡・相談の重要性を認識してもらうことが不可欠となります。いわゆる「仕事の根拠」を理解してもらうのです。これについて，坂口リーダーが一方的に伝えるだけでなく，職員に考えてもらったのです。坂口リーダーは，職員自ら考え学ぶ，気づくというかかわりを行ったのです。その上で，すぐに実施できることを整理してもらったのです。すぐに実行できることであれば，抵抗なく取り組んでもらえるでしょう。

　また，坂口リーダー自ら模範を示したことにも意味があります。リーダー自身が率先して取り組むことは，役割モデルになっているということです。

　福祉の職場には，さまざまな経験や環境の中で生活してきた職員が集まって組織を形成しています。色々な考えがあって当然です。しかし，ベテランといわれる職員，自己主張の強い一部の職員の意見だけがまかり通るようでは，組織は沈滞化します。不適切な支援・ケアに陥る恐れもあります。職員一人ひとり個別に育成するよりも，職員集団を対象とし，全体の底上げを目指します。そのことが，結果として一人ひとりの職員の成長につながっていくのです。

　ダイレクトに支援・ケアのあるべき姿について問題提起すると，身構えてしまう職員もいるでしょう。そこで，福祉の仕事に就こうと思った動機など初心を振り返ってもらったり，より良い職場づくり，支援・ケアに向けて職員の想いや考えを引き出したり理解したりします。抽出された職員の想いの中からテーマを絞り，皆で検討するきっかけにすることができます。

2　組織の活性化を意図した職員集団へのかかわり

（1）アンケートの実施

　職場（部署）内の問題については，職員にアンケートを実施して，職員がどのようなことを感じているのかを把握し，それをきっかけに OJT の進め方の

ヒントにすることもできます。アンケートの内容は，取り上げたテーマによっ
てさまざまなものが考えられます。基本的にはアンケート用紙に設問を記載し，
自由記述してもらう形式となります。

　アンケートの実施に際して，「コミュニケーションが不十分となっているが，
どうすれば良いのか」「職員主導になっているが，利用者本位にするにはどう
すれば良いのか」などダイレクトな質問をすると，職員が「自分たちが責めら
れている」と身構えてしまう恐れがあります。そうすると，「忙しいからでき
ない」「人手が足りない」といった意見に留まってしまい，それ以上話が進ま
なくなります。そこで，福祉の仕事に就こうと思った動機や自分が考える支
援・ケアについて質問し，そこから話を掘り下げていく方法が効果的です。以
下は，その際の効果的な質問項目の例です。

・福祉の仕事に就こうと思った理由

・あなたが目指す職員像

・得意なこと，苦手なことはどのようなことか

・仕事で嬉しかったことはどのようなことか

・あなたが言われてモチベーションが上がった言葉はどのような言葉か

・障害（認知症）のある人に対するあなたの想いはどのようなものか

・現在の職場についてどのように考えているか

・どんな職場が良いのか，働きやすい職場とは，どのような職場にしたい
　のか

・仕事で困っていることはどのようなことか

・支援・ケアについて疑問に思うことは何か

・理想とする支援・ケアとはどのようなものか

・支援・ケアで改善した方が良いと思うことはどのようなことか

・支援・ケアにおいてどのようなことで悩んでいるか

・支援・ケアでどのようなことに配慮しているか

・支援・ケアにおいて自分が利用者だったら，どのような対応をしてほし

　　いのか

　　・チームとして仕事をする上で大切なことは何か

　　・職員同士で意見を言いやすくするためにはどうすればよいのか

（2）個別面談

　アンケート内容を踏まえて，個別面談を実施しても良いでしょう。個別面談
では，先輩職員など他の人の前では言い難いことでも発言できます。アンケー
トの記載内容の背後にあるさまざまな想いを知ることになるのです。それぞれ
出された想いから，課題を抽出していくことになります。

　職員が自由に発言できるよう，発言内容を他に漏らさない，どのような意見
が出てきても丁寧に聴き受け止める，といったことを心がけましょう。当該職
員の了承なく発言内容を他者に漏らしたり，当該職員の発言を遮ったり，否定
したりすると，職員は自由に発言できなくなります。

（3）テーマに沿った職場（部署）内での話し合い

1）話し合いの意味

　アンケートや個人面談を基に，抽出された課題について職場（部署）の中で
話し合っても良いでしょう。日常の申し送りでは定型業務レベルの情報共有は
可能です。しかし，支援・ケアの考え方や利用者の日々の状況について，共通
認識を持つことに限界があります。また業務多忙を理由にして，職員間の話し
合いの機会を持たないと，情報が十分に行き渡っていなかったり，視野が狭く
なったり，それぞれの職員の想いで動いたりするので，連携が不十分となりミ
スが起こったりします。このことで，職員間に摩擦や葛藤が生じ，ますますコ
ミュニケーションが取れなくなるという悪循環に陥る恐れがあります。そこで，
わずかな時間でもよいので，テーマを選定して話し合うことはとても有益とい
えます。

　テーマを絞った話し合いには，いろいろな意味があります。情報を共有でき
る，いろいろな考えや意見を聴くことができて視野が広がる，他の職員の立場

や気持ちを理解でき職員同士の相互理解につながる，他の職員の業務の状況を理解できお互いに助け合うという相互援助の風土が芽生えます。また，アドバイスにつなげたり，職場（部署）としての方向性を見出すことにつながったりします。

2）方向性の模索

　話し合いをする際には，あるテーマについての問題となっている現状，その要因，どのような状況になればよいのか，そのための課題は何か，具体的な取り組み方法について話し合いをしましょう。建設的で，具体的かつ実現の可能性を秘めた取り組み方法を見出すようにしましょう。今すぐできること，少し時間のかかること，いくつかの課題をクリアしないといけないこと，時間や経費のかかることなど取り組みの内容を分類して整理してもよいでしょう。問題や要因を列挙して終わったり，課題を挙げて終わったりするだけで，方向性が見出せないと逆効果となります。

3）具体的な実践行動の明示

　接遇，利用者とのかかわり方などについて，具体的にどのようなかかわりや声掛けが不適切であるのか，一方どのようなかかわりや声掛けが適切であるのかをアンケートをとったり，職員間で話し合ったりします。あるいは，その内容を基に，実践行動レベルで共有し実践シートに記載し，職場（部署）の全職員が適切な実践行動を意識したかかわりや声掛けを心がけます。福祉職場を想定した書籍を参考に，それぞれの職場用にアレンジしても良いでしょう。実践シートに記載することで，不適切なかかわりや声掛け，適切なかかわりや声掛けが具体的に理解できます。お互い注意したり，誉め合ったりもできます。

4）自由に表現できる雰囲気づくり

　そのために，それぞれの職員の想いを自由に表現できる雰囲気づくりが大切となります。特定の職員だけが発言する話し合いや，本音を表現できず表面的な話し合いでは意味がありません。

　ある職場では，選定したテーマについて，付箋にそれぞれの想いを記載し，模造紙に張り付けまとめていく取り組みをしています。模造紙に張り付けてま

図表 4 - 1　職場（部署）内での活性化に向けた取り組み

アンケートの実施	
福祉の仕事に就いた動機	今の仕事に就いて思うこと

個別面談	
職員の想いの傾聴	課題の抽出

話し合い	
グループでの話し合い	付箋に記載し集約

活性化に向けた取り組み
具体的で現実的な内容

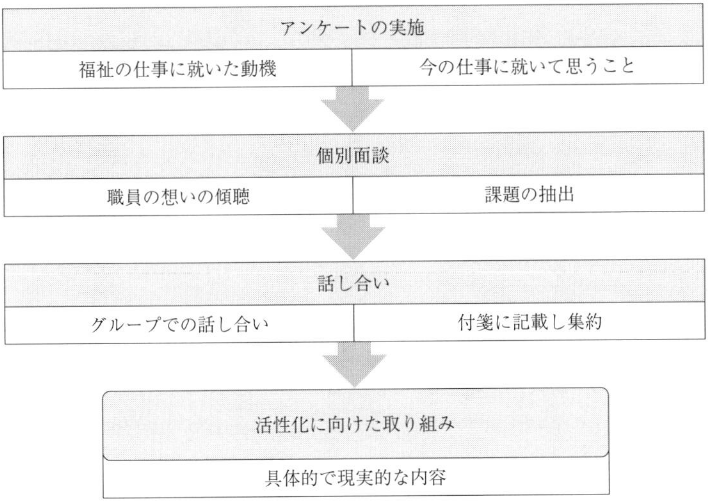

とめるということは，皆の想いをまとめることになり，「見える化」することにつながります。付箋だと筆跡から誰が書いたか分かるので，リーダーが一旦取りまとめてパソコンに打ち直しても良いでしょう。

　その中で問題としている事柄について話が出てきたら，「自分たちにできることはないだろうか」といった観点から話し合いを進めていくのです。体制側の課題についての検討は必要ですが，それに終始してもすぐに解決できるわけではありません。そこで，職員自身が自分たちで改善できることは何かについて考えることも必要なのです（図表 4 - 1）。

（4）職員相互の評価

　良い取り組みをしている職員を報告し合い，皆で誉め合っている職場もあります。職員同士の相互理解のために，ある職場では「ありがとうノート」と呼ばれている取り組みをしています。各職員の良い所をお互いに書き，他者からどう見られているかを本人にフィードバックします。良い所をフィードバックすることで本人の気づきにもなり，感謝の気持ちを伝え合うことで，職員同士

のかかわりが増えるそうです。職員同士の肯定的な関係にもなります。

（5）チェックシート

　接遇，利用者とのかかわり方など業務に関する職員の行動のチェックリストを作成し，毎日，1 週間（あるいは 2 週間）の業務についての自己評価を行ってもらいます。これは，自分自身の業務を客観的に見つめ直し，気づきを促すという，自分自身の業務の振り返りを目的としています。自己評価したシートに対して OJT 担当者やチームリーダーがコメントを記入して返却します。職員自身ができていること，できていないことを自覚して，できていることはさらに伸ばしていく方向へ，できていないことはできるように意識して，どう取り組んでいけばよいのかを考えてもらうきっかけとなります。

　自己評価は主観であるため，周囲から見てできていないと思っていても，本人はできていると回答するかもしれません。その逆もあるでしょう。このようなときは，チェックシートのモニタリング面談を実施し，具体的にやり取りをして評価基準を同じところにもっていきましょう。○○について，当該職員になぜできていると自己評価したのかを聞き，OJT 担当者としての評価を伝えましょう。当該職員の考えを一方的に否定しないで一旦は受け止めた上で，OJT 担当者の考える評価基準を伝え，当該職員の状況を伝えましょう。OJT 担当者の評価基準を押しつけるのではなく，職員の想いも尊重しましょう。

　職員がチェックシートの項目を意識することが大切なのです。意識することで業務態度に変化が見られます。他の職員も同様に取り組んでいると，他の職員と当該職員自身の比較も可能で，当該職員が他の職員の職務態度を見て参考にすることもあります。

　チェックシートに毎日記載するのが困難な場合は，1 週間あるいは 2 週間単位で付けても良いでしょう。振り返りシートを実施している時は意識しているが，できたのでもう大丈夫と思って止めてしまうと，元に戻ってしまいます。一過性に終わらせないようにしましょう。一定期間経過後に再度，同じ項目でチェックリストに沿って振り返りを行っても良いでしょう。

事例13　職員の声を拾い上げ改善に取り組んだ事例

　1970年代前半に開所した歴史のある障害者支援施設（施設入所支援，生活介護）でのことです。ここには，長く勤めている職員と新しく入職した職員が混在しています。新しく入職した職員は，先輩職員の利用者に対する呼称やかかわりに疑問を抱いていたのですが，いつの間にか現状に流されてしまいます。このようなことが何度かあり，森島リーダー（男性，44歳）からも職員に改善を促してはいるのですが，実行されません。このような中，疑問を抱いていた職員から森島リーダーに相談があり，利用者の尊厳・主体性を尊重した支援を意識するべきではないかとの意見が出されました。森島リーダーは，これを絶好の機会と捉え，利用者主体について皆で取り組んでいくこととしました。

　森島リーダーは，利用者へのかかわり方や呼称について，皆で考えてもらうために，アンケート，個別面談，話し合いの機会を設けました。森島リーダーは，単にあるべき姿だけを伝えても改善しなかったことへの反省から，職員の置かれている状況や想いを理解するところから始めました。まずは，利用者支援に関するアンケートを実施し，それを基に一人ひとりの職員と個別面談を行いました。なぜ福祉の仕事に就こうと思ったのか，どのようなことを大切に想い仕事をしているのかなどを丁寧に聴いていきました。また，悩みや課題，一歩踏み出して実施してみたいことも併せて聞き取りました。

　職員一人ひとりの想いがあり，その想いを理解できたことが大きな収穫でした。そこから，利用者へのかかわり方や呼称についても意見を求めました。「ついうっかり」「良くないと思いつつも」職員主導で支援を進めてしまうといった意見や利用者の呼称で「ちゃんづけ」が悪いとは思わない，といった意見もありました。一方で，呼称を意識し，利用者主体の支援を心がけるべきではないか，という意見も出されました。

　福祉の仕事に就こうと思った動機などを踏まえて，「どうしたらよいのか」を職員に考えてもらいました。すると，業務の多忙さに加え，職員数が少なく，日課優先になってしまう，利用者に対して丁寧に接することができない，といった意見も出されました。

　すぐに完全な形にするというのではなく，現状からまず何ができるのか，一歩踏み出せることはないか，考えてもらうこととしました。そこで，職員をいくつかのグループに分け，「利用者とのかかわり方について」というテーマで話し合いをしてもらいました。単に「できない」ではなく，よりよい方向に向けて何ができるのかを考えてもらいました。

　そこで，整理されたのが利用者接遇チェックシート（振り返りシート）（図表4-

２，101頁）です。この利用者接遇チェックシートに沿って，皆で実行していこう
と，森島リーダーは提案しました。そして，自分自身を振り返ることも併せて行い
ました。意識づけを高めるために，最初は毎日実施しました。そして，１週間後に，
１週間の振り返りも実施しました。森島リーダーも率先して利用者への声掛けや接
し方を意識して模範を示すように努めました。

　ところが，利用者接遇チェックシートに記載した項目がやや抽象的な表現であっ
たため，判断基準が分かりにくいという声が上がってきました。職員によって捉え
方や解釈の仕方に幅があるため，厳しく付けたり甘く付けたりで，職場としての基
準があいまいだったのです。そこで，チェックシートに記載された項目をどう解釈
すればよいのかについての話し合いを行いました。これによって，職員の意識の共
通化を図っていったのです。そして別途，より具体的な実践行動の表現に置き換え
た実践行動シートを作成して振り返ってもらうこととしました（図表４‐３）。これ
により，具体的なイメージができ上がりました。

　最初は，非協力的な職員がいたり，形式的に付けていた職員もいたりしたのです
が，森島リーダーは根気強く続け，チェックシートの結果を基に個別面談を実施し，
職員の想いを受け止めるよう努めました。

　その後，利用者からも「職員の対応が良くなった」という声が聞こえてきました。
また，利用者の表情も落ち着いたり大きな声を出すといったりすることも少なくな
ってきました。これらの実績から，利用者接遇チェックシートに消極的だった職員
も徐々に前向きになりました。

　本事例は，利用者の呼称やかかわり方の問題から，職場の活性化を通して職
員の成長に取り組んだ事例です。さまざまな経験を有する職員集団では，色々
な考えが混在し，収拾のつかないこともあります。勤務年数の長いベテラン職
員が，職員主導，処遇という古い考えで仕事をしていると，利用者本位，支援
という新しい考えを学んだ職員は戸惑いを感じます。しかし，現状に流され，
どうすることもできず，悶々とした日々を過ごすことになります。森島リーダ
ーも現状に流されてしまうことに疑念を抱き，あるべき姿を伝えるのですが改
善には至りません。

　そこで，現場職員からの相談を機に，新たなアクションを起こします。それ
は，単にあるべき姿を伝えるのではなく，職員の想いを聴き取り，どうあるべ

図表 4 - 2　利用者接遇チェックシート（振り返りシート）

利用者支援・ケアの振り返りをお願いします。　　　　　　　　　　　　　月　　　　日	
（できた：○　　できないときもあった：△　　できなかった：×）	
チェック項目	自己評価
① 利用者にしっかりと挨拶ができましたか	
② 笑顔で利用者と接することができましたか	
③ 利用者に対して目線を合わせて丁寧に声掛けできましたか （命令口調やきつい言葉遣いになっていませんか）	
④ 声掛けをしながら介護に取り組みましたか	
⑤ 「○○ちゃん」と利用者を呼んでいませんか	
⑥ 適切なことば遣いで対応できましたか（ため口や命令口調になっていませんか）	
⑦ 利用者の行動を抑制したり制限したりするような声掛けになっていませんか	
⑧ 身だしなみや服装が清潔に整っていましたか	
⑨ わずかな時間でも利用者に寄り添う時間をつくりましたか	
⑩ イライラを利用者にぶつけていませんでしたか	
⑪ （各職員が気を付けたいこと伸ばしたいこと）	
本日の感想・意見	
1 週間を振り返っての感想や課題・展望を記載して下さい	
OJT 担当者のコメント	

図表 4 - 3　実践行動シート
　　　　　（⑦利用者の行動を抑制したり制限したりするような声掛けになっていませんか）

不適切なかかわりや声掛け	適切なかかわりや声掛け
○○をやって！	○○をお願いしてよろしいですか
（勝手に）立たないで！ 立ったらダメ！	どうかされましたか。お手伝いしますのでお待ちいただけますか
ちょっと待って！	しばらくお待ちいただけますか ○○分ほどお待ちいただけますか ○○が終わったらすぐ参りますので，それまでお待ちいただけますか
どうしてそんなことするの！	どうかされましたか

きかを考えてもらったのです。職員の気づきを促し，自主性を尊重したのです。

　古い考えのベテラン職員も利用者本位，処遇ではなく支援であることは分かっているのです。しかし，古い考えが染みついてしまっているのかもしれません。それを一方的に否定するのではなく，想いを尊重しつつ，新しい考えを学んだ経験の浅い職員の想いも尊重し，発信できるようにしているのです。

　また，本事例では，少し意識することで取り組むことのできる項目を選定し，利用者接遇チェックシート（振り返りシート）として整理したのです。チェック項目は，OJT 担当者や上司から一方的に提示された内容よりも自分たちで考えて設定した方が，より主体性が培われるでしょう。さらに，チェック項目の⑪は，各自が気を付けたいことや伸ばしたいこととして個別のチェック項目を設けています。これによって，より一層の意識喚起につなげていきます。

　ただ利用者接遇チェックシートの項目は，やや抽象的な表現だったので判断基準が曖昧でした。しかし，これは見方を変えると，抽象的な表現内容をどう理解すればよいのか，具体的な実践行動はどのようなものかを考えるきっかけにもなりました。話し合いをすることで，それぞれの職員がどのような想いを抱いているのかについての相互理解と今後に向けての共通認識を持つことができたのです。これらの意見を集約して，具体的な実践行動として記述することで，不適切ななかかわりや，適切なかかわりや声掛けのイメージが湧きやすくなったのです。職員が共通の意識・目標を持って取り組むことができると，職場全体の取り組みとなり，統一したケアにつながるといえます。

　そして，根気強く続けた結果，利用者からの「職員の対応が良くなった」という声がすべてを物語っているといえます。職員の取り組み姿勢そのものに大きな影響を及ぼしているのです。

（6）振り返りシート

　図表4-2・3のような利用者接遇チェックシートと並行して，あるいはそれとは別に振り返りシートを作成して振り返ってもらうのも良いでしょう（図表4-4）。2週間程度を1つの区切りに，個々人の目標を設定して，取り組ん

図表 4 - 4　振り返りシート

所属：　　　　　　氏名：　　　　　　　　　　　　　　　　○月○日～○月○日まで

項　　　目	2 週間の振り返り ・どの程度達成できたか（○，△，×） ・工夫したこと，意識したこと，難しかったこと，今後に向けて
毎日笑顔であいさつします	
利用者とかかわる時，丁寧なことば遣いや態度を心がけます	
利用者の想いを理解することを意識しながらかかわります	
小さなことでも部署内で情報共有するよう意識します	
OJT 担当者からのコメント	

でもらい，振り返りを行ってもらう方法もあります。「毎日笑顔であいさつします」といった基本的なことでもよいと思います。「利用者とかかわる時，丁寧なことば遣いや態度を心がけます」「利用者の想いを理解することを意識しながらかかわります」「小さなことでも部署内で情報共有するよう意識します」といったことでもよいでしょう。2 週間後に振り返ってもらい，この間，どのようなことに取り組んだか，工夫したこと・意識したこと，難しかったことなどを振り返ってもらい，2 週間の自分なりの評価をしてもらいましょう。そして，今後の目標を設定してもらっても良いでしょう。2 週間の評価として不十分だと感じたら同じ目標を再度設定し，再チャレンジしてもらっても良いでしょう。

　利用者接遇チェックシートにしても振り返りシートにしても，このような取り組みをすることを通して，個々人がまた職員間で意識することが重要なので

図表4-5 振り返りシート（バイステックの7原則の実践）

所　属：　　　　氏　名：	○月○日～○月○日まで
項　　目 （第1段階としての 2項目）	2週間の振り返り ・どの程度達成できたか（○，△，×） ・工夫したこと，意識したこと，難しかったこと，今後に向けて
利用者を個人として 捉える	
利用者の感情表現を 大切にする	
OJT 担当者からのコメント	

す。習慣化することによって，職場としての標準化や統一化が図られるのです。抽象的な表現をより具体的に理解する，自ら振り返ることで自分のものとして会得するといったことになります。

　ある施設では，利用者との信頼関係を形成するかかわりについて，バイステックの7原則を活用し，ある原則について取り上げ，実践できていたかを振り返っているそうです。いきなり7原則すべてを取り上げるのではなく，まずは，2つの原則を選定し，実施します（図表4-5）。

　その原則についての解説を行い，職員の理解を促します。その上で，どのようなかかわりが望ましいのか，いくつかの具体的な項目を設定して，実施できたかを振り返ってもらうチェックリストを作成します。そして，「できた」「できない時もあった」「できなかった」と3段階に分けて自己評価してもらいます。単に3段階でのチェックにとどまらず，工夫したこと，難しかったのはどういったところか，なぜできなかったのかについての所感も書いてもらうのだそうです。これを踏まえて OJT 担当者と面談しているとのことです。

　なお，利用者接遇チェックシートと振り返りシートは，新任職員や課題を抱えている特定の職員を対象とした OJT にも活用できます。一方で，当該職員

からすると「なぜ私（たち）だけ？」といった疑問を抱くかもしれません。そこで，職場（部署）の職員全員に実施依頼することで抵抗感も少なくなります。何よりも，職場（部署）の職員全員で実施することで，あるテーマに関して共通認識を持つことができ，活性化につながるというメリットがあります。

Check Point !

▷　職場（部署）の職員集団の力をプラスの方向に変えることで，一人ひとりの職員の成長につなげていきましょう。

▷　指導するにあたっては，職場（部署）の状況把握を行いましょう。

▷　理想とする姿に向けて一歩踏み出すことが重要です。すぐに取り掛かることのできることは何か，職場（部署）の職員間で話し合うことにより改善できることは何か，設備・人員配置などの問題があり時間を要することは何かを段階を踏まえて考えましょう。

第5章 「共感的態度」で想いを「受容」する
──気になる職員の真意を理解するために

── 本章のねらい ──

　第5章では，OJT の機会の一つである特別に時間をとって行う面談のあり方について説明します。OJT 担当者が職員と面談する際に，どのような面談を心がければよいのかについて考えます。ある面談場面を再現し，いくつかのパターンを想定して OJT 担当者，職員双方の側から感じたことを考察しています。面談の進め方によって，OJT 担当者，職員ともに受け止め方が全く異なってきます。OJT 担当者の想いを伝えるのではなく，まずは丁寧に当該職員の想いを聴き，受け止めていくことが重要なのです。

　いくつかのパターンでの面談の進め方を通して，職員とのコミュニケーションの取り方について理解を深めます。

1　否定・困惑・伝達・受容──4つの面談パターン

（1）事例の紹介

　職員とのコミュニケーションについて，特別養護老人ホームでの具体的な面談場面を例に考えてみましょう。

> **事例14　志のある新卒職員が行き詰まりを感じたため面談を実施した事例**
> 　横田さん（女性，21歳）は，介護福祉士養成の専門学校で介護福祉士の資格を取得し，卒業と同時に特別養護老人ホームの介護職として勤め出した2年目の職員です。横田さんは，高校生の頃から介護の仕事に関心を抱いており，高校時代も専門学校時代も高齢者施設でボランティアを行っていました。幼い頃から母親が祖母の介護をする姿をみて自分も介護の勉強をして将来高齢者の役に立つ仕事に就きたいと思っていたのです。専門学校卒業と同時に憧れの職業に就くことができ，介護職

として仕事に対して真面目にかつ熱心に取り組んでいます。利用者にも積極的にかかわりを持っています。

そのこと自体大変よいことなのですが，少し思い込みの激しいところがあって，何事も先走ってしまいます。利用者と接する時も利用者はこうあらねばならない，とついつい命令口調になってしまいます。時には利用者に大きな声を出すこともあります。一方で，利用者との関係を築いていくためには親しみを込めたかかわりが第1と考え，馴れ馴れしい態度で接したり，認知症の利用者を「○○ちゃん」と呼んだり，子ども扱いをするといったことも見受けられます。OJT担当者の中村さん（女性，32歳）は何度か注意するのですが，一向に改まる様子がありません。

横田さんは，念願の仕事に就くことができ，期待も大きかったのですが，介護業務の多忙さに追われつつも職員主導に疑問も感じ，どうすることもできず現状に流されています。利用者を見ていると，ついつい祖母を思い出してしまいます。馴れ馴れしい口調や態度は，その影響かもしれません。それでも横田さんなりに一生懸命仕事に取り組んできたのですが，「何かが違う」という漠然とした疑問が湧いてきました。

そのような中，横田さん自身，仕事に対して疲れを感じ，就職した時のような元気さが見られません。利用者ともうまくいっていないようです。最近では，他の職員と話をすることも少なくなり，暗い表情の日が続いています。他の職員からも「ただでさえ人手不足で忙しいのに，もう2年目なのだからしっかり仕事をしてもらわなくては困る」といった苦情がOJT担当者に寄せられるようになりました。

OJT担当者の中村さんは，このような状態の横田さんと面談を行うことにしました。

（2）4つの面談パターン

読者である皆さんが，OJT担当者の中村さんになったつもりで，横田さんと面談すると仮定しましょう。横田さんは，仕事に対する不安や疑問を話してくるでしょう。一生懸命仕事を遂行していこうと思っていたのに，「自分が思い描いていた福祉の現場とは異なっており，悩んでいる」ということを訴えてくると想定して面談を進めてみましょう。その際，4つのパターンの面談方法を想定します。これらのパターンを踏まえ，どのような対応が良いのか考えてみましょう。

1）否定的態度

　横田さんに冷たい態度，厳しい態度，イライラした態度，あるいは高圧的な態度で接して下さい。横田さんを受容するのではなく，話を途中でさえぎってでも，「なぜできないの！」「専門学校で専門的な勉強をし，介護福祉士の資格を持った専門職だから，しっかり仕事をしてもらわなければ困る」「みんな辛い思いをしながらも仕事に耐えているのに，若いあなたがすぐ弱音を吐いてどうするの！」「甘えているのではないの？」と叱責気味に説教して下さい。決して，うなづいたり笑顔を見せたりしないで下さい。

2）困惑態度

　横田さんの話に対して，「そんなこと言われても困るんだけど」と困惑気味に接して下さい。自分も業務多忙で余裕がないのに，しかも，漠然とした悩みしか訴えてこない横田さんに，どう対応すればよいのか分からないといった戸惑いの気持ちになっています。あるいは，「仕事なんだから，きちんとやるべきだ」と面倒くさそうに接してみて下さい。

3）伝達態度

　横田さんの話を聞き，理解したつもりで，あるべき姿や助言を優しい口調で丁寧に伝えましょう。話を聴くというよりも，OJT 担当者自身の経験談や考えを懸命に伝えましょう。決して，高圧的な態度で話したり，面倒くさそうに話したりしないようにしましょう。励ましても良いでしょう。

4）受容的態度

　横田さんに受容的態度で接して下さい。説教したり叱責したりすることなく，横田さんの話に耳を傾け，聴き，受け止めて下さい。その上で，具体的なアドバイスや指示を出したり一緒に考えていこうという姿勢を示して下さい。アドバイスや指示を出している時にも，横田さんの想いを確認しながら双方向のコミュニケーションを心がけましょう。

2　双方の想い──4つの面談パターンを通して

　どの面談パターンでも，横田さんの悩みを「きく」ということは同じです。しかし，OJT担当者である中村さんの対応の仕方によって，面談の中身やその後の双方の気持ちの持ちようが随分と異なってくるのではないでしょうか。

（1）　2年目の職員の想い

　2年目の職員の横田さんの側から見ていきましょう。横田さんは，話を聴いてほしい，心配してほしい，自分なりに頑張っているが悩んでおり，その気持ちを分かってほしい，受け止めてほしい，気持ちの整理をサポートしてほしい，助言がほしいなど，受容的態度で接してほしい，と思っているでしょう。

1）受容的態度の場合

　OJT担当者に受容的な態度で話を聴いてもらえると，自分の想いを表現できた，分かってもらえた，受け止めてもらえた，気分的に楽になった，と安心するでしょう。話を聴いてもらい，受け止めてもらえることで，漠然とした想いや自分なりの課題を整理することにもつながります。その上で，アドバイスがあったり，一緒に考えていきましょうといった言葉がけがあったりすると，すぐに解決につながらなくとも，悩みや行き詰まりという重荷を半分ぐらいは降ろすことができ，明日から頑張っていこうと思えるでしょう。

2）否定的態度の場合

　しかし，否定的な態度で臨まれると，怖くなり萎縮して何も言えないかもしれません。本当は，「話を聴いてほしい，気持ちを受け止めてほしい」と思っていたのに，「説教されるだけで自分の気持ちを分かってもらえない，一方的に言われるのは嫌だ，もういいや」と思うかもしれません。一応の受け答えはできても，恐る恐る答えているので，本音で話すことができないでしょう。また，一方的に言われることで考える余裕がなくなってしまうかもしれません。

　あるいは，「自分は介護の仕事に向いていないのではないか」「自分はこの職

場では勤まらないのではないか」と自信を無くしてしまうかもしれません。高圧的態度で臨まれて，言い返したり自己主張したりする 2 年目の職員はほとんどいないでしょう。何を言っても無駄だと感じ，早くその場から逃れたい一心で，口を閉ざして何もしゃべらなくなるでしょう。

　そのほか，小馬鹿にしたような接し方，見下すような笑い（嘲笑），ため息交じり，顔を見ようとしない，ペンをカチカチされるといったイライラした態度で接せられると，どう思うでしょうか。また，矢継ぎ早に質問されると，責められているように感じるでしょう。

　このようなあからさまな態度を取られると，横田さんはとても話し合いにならないと感じるでしょう。このような極端な態度でなくとも，OJT 担当者が否定的・消極的な態度で面談に臨むと，気まずい雰囲気になるでしょう。職員は意欲・やる気が一気に失せてしまい，最悪の場合「こんな職場は，すぐにでも辞めたい」といった想いさえ抱くでしょう。

　OJT 担当者からのアドバイスや助言も，単に「ちゃんとやって」「しっかりして」といった抽象的な表現で具体的なアドバイスや指示がないと，自分の何がいけないのか，どうすればよいのか分からないでしょう。アドバイスや指示をするなら，具体的にわかりやすく説明してほしいと思うでしょう。

　このような否定的・消極的な面談だと，その場をとにかく逃れたい一心で，とりあえずその場を取り繕ったかのように「すみません」「頑張ります」とは言うかもしれませんが，まったくそのつもりはないでしょう。建設的な面談にはならず，面談を行ったことが逆効果になってしまったといえるでしょう。

3）困惑態度の場合

　困惑気味な態度で臨まれると，「私，何かいけないことを言ったのかな」「もう発言しない方が良いのかな」と思うかもしれません。否定的態度の面談と同様に，気まずい雰囲気となり，建設的な面談とはならないでしょう。

4）伝達態度の場合

　このような態度の場合，OJT 担当者は，優しい口調で丁寧にアドバイスや指示を出しています。横田さんの求めていた内容であればよいのかもしれませ

ん。しかし，一方的なアドバイスや指示では，表面的になる恐れがあります。横田さんからすると，もっと話を聴いてほしい，気持ちを理解してほしいと思っているかもしれません。情緒面でのかかわりに欠けているのです。また，表面的にあるべき姿だけを伝えられても，「私が悩んでいるのは，そういうことではないんだけど」「理屈はそうかもしれないが，そんなに簡単にはいかないんだけど」と思い，OJT 担当者の言葉が心に残らないかもしれません。OJT担当者が追い打ちをかけるようにさらに話してくるので，仕方なく「分かりました」と言うかもしれませんが，納得はしていません。OJT 担当者が一方的に喋るのはよくないのかもしれません。

（2）OJT 担当者の想い

　次に，OJT 担当者の中村さんの側から見てみましょう。OJT 担当者も面談の中身によって随分受け止め方が異なってきます。

1）受容的態度の場合

　横田さんの想いを理解しようと努めると，「頑張っている，大変な状況にある，悩んでいるんだ，何とかしてあげたい，一緒に考えていきたい」といった肯定的な気持ちを抱くことでしょう。

2）否定的態度の場合

　一方，説教をしてしまうと，話が一方向であったり平行線であったりするため，十分な心と心の触れ合いができません。そうなると，横田さんに対して「やる気がない，言い訳ばかりをしている，煮え切らない，何を考えているのか分からない，いい加減にしてほしい，辞められたら困るけど正直鬱陶しい」「横田さんの話を聴こうとは思わない，耳に入ってこない，これ以上話をしても無駄だ」といった否定的な感情を抱くのではないでしょうか。

3）困惑態度の場合

　困惑気味に接するというのは，横田さんのことよりも職場の職員体制のことが気になっており，「辞められたら困るし，なんとか自分で考えて乗り越えてよ」といった職場の都合を優先した発言をしてしまうでしょう。ここでも心と

心の通い合いはありません。

4）伝達態度の場合

　優しい口調で丁寧にアドバイスや指示を出していると，横田さんが「なるほど。そうか！」となり，効果が上がる可能性はあるでしょう。しかし，横田さんに浮かない表情をされたり，しっくりしないといった表情をされたりすると，自分の説明が足りないと思い，さらに追い打ちをかけるように話をしてしまいます。横田さんは最終的には「そうですね」とはいうものの，「本当に分かっているのかな？」と疑心暗鬼になってしまうでしょう。この場合でも心と心の通い合いはありません。

　受容的態度で接しているつもりでも，実際は説教のようになっていることもあります。受け止めているつもりでも，職員の情緒面をあまり考慮せず一方的なアドバイスになっていることはありませんか。

（3）双方の関係性

　せっかく面談の機会を設けても，お互いが不愉快な思いをして否定的な感情を抱くと，それが当然相手に伝わります。双方の関係性も悪化します。非生産的な面談になってしまいます。どこまで行っても平行線で，着地点を見出せません。これでは，育成につながりません。

　ある研修で筆者が事例14を使用してロールプレイを実施しました。否定的態度（あるいは困惑態度）と受容的態度を意識して横田さん役，中村リーダー役を同じ役で2回行ってもらいました。双方，受け止め方が全く異なっていました。以下，この時のロールプレイを基に解説します。

1）否定的態度（あるいは困惑態度）の場合

　否定的態度で中村リーダー役を演じた参加者は，横田さんに対して「何がしたいのか分からない」「何を考えているのか分からない」「もじもじして，もう少ししゃきっとしてほしい」「覇気がない」「責任転嫁している」といった否定的な感情を抱いたそうです。横田さんとは，視線を合わすことができなかったそうです。中村リーダーが，横田さんに「どうするの！」と結論だけを求める

「尋問」のような「かかわり」になってしまったそうです。

一方，横田さん役を演じた参加者からは，中村リーダーに対して「怖くて何も言えない」「責められている」「突き放されたような言い方をされている」「自分が悪いのだろうかと心配になった」といった感情を抱いたそうです。中には，中村リーダーに対して「憤り」を感じた人もいました。会話も続かず，面談は数分で終了してしまったのです。

２）受容的態度の場合

受容的態度で接した中村リーダーは，横田さんの立場に立って物事を見ることができたそうです。「横田さんの悩みや想いを理解できた」「何とか一緒に対応したいと思った」「横田さんをそこまで追い込んだ私にも責任があり，申し訳ないと思った」「横田さんの悩みに気づくことができず申し訳ない」「横田さんなりの意欲も伝わってきた」といった気持ちになったそうです。

また，この場合は横田さんと視線を合わせて面談ができたそうです。そして，横田さんの表情にも変化が見られたそうです。その変化を感じ取ることができたのです。他に，「自分のこれまでの職員とのかかわりを振り返る良い機会になった」といった感想も出されました。

横田さん役を演じた参加者からは，「聴いてもらえてよかった」「安心できた」「心が開かれた」「素直に自分の悪いところを反省できた」「冷静になれた」「初心に帰ろうと思った」「仕事が好きになった」といった肯定的な感想が出てきました。

３）否定的態度（あるいは困惑態度）と受容的態度の相違

特に顕著だったのが，「現実と理想とが異なっており悩んでいる」という発言に対して，否定的な態度で臨むか受容的な態度で臨むかで随分と解釈が異なっていた点です。否定的態度（あるいは困惑態度）でロールプレイすると，OJT担当者は「そんなの当然じゃないか，何を言っているんだ。単なる言い訳に過ぎない」と感じたそうです。また，あまりにも高圧的な面談だったため，横田さんが「辞めます」と言ったそうです。そうなると売り言葉に買い言葉で，中村リーダーも「じゃあ辞めて下さい」と言って，横田さんを引き留めなかった

そうです。双方，引っ込みがつかなくなってしまったのです。

　一方，受容的態度でロールプレイすると，OJT 担当者は「現実と理想の違いを認識できるだけの力を持っているんだ」と横田さんのストレングスに目を向け，「なぜ，そのように感じたのだろう，その想いを知りたい」と想いを理解しようとしたのです。悩んでいる横田さんに敬意を表すると思ったそうです。同じ人に同じ役を演じてもらったのですが，シナリオの内容によって随分と演じている時の気持ちが異なっていたのです。

　このことは，横田さん役にも当てはまりました。否定的態度（あるいは困惑態度）の時は「怖くて何も言えない」「なぜ一方的に言われるのか」「何をどうすればよいか何のアドバイスもなく，高圧的な態度・困惑気味の態度で接せられたので話が交じり合わず，平行線のままで意味のない面談だった」「辞表を出そうと思った」そうです。

　受容的態度の時は，「話を聴いてもらえた」「分かってもらえた」「気分的に随分と楽になった」「勇気づけられた」「面談してよかった」と思ったそうです。また話を聴いてもらえたことで，自分にも不十分なところがあるのではないかと思い，「私の不十分なところを指摘してほしい」といった発言をする場合もありました。中村リーダーの温かい口調，優しい口調に触れて，面談中に考える余裕があったそうです。

4）面談に臨む態度による気持ちや双方の関係の変化

　否定的態度（あるいは困惑態度）の時は双方が離れていき，受容的態度の時は双方に歩み寄りが見られたのです。和やかな雰囲気で面談が進むと，横田さんのさまざまな想いを引き出すことができ，横田さん自身の気持ちの整理や気づきにもつながります。「素直に自分の悪いところを反省できた」といった発言からも，面談中に自分の気持ちを整理でき新たな気づきを得ることができ，横田さんの成長につながる面談になったことが分かります。横田さんも自分自身で克服しなければならない課題を自覚できると，一歩前進するのではないでしょうか。同時に，OJT 担当者が横田さんの気持ちを理解できると，どうサポートしていけばよいのかが見えてくるでしょう。互いに分かり合おうと努力し

図表 5 - 1　OJT 担当者の面談に臨む姿勢や態度

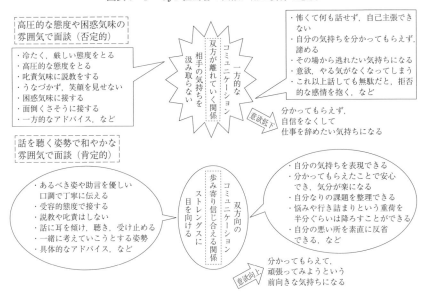

合える，歩み寄り信じ合える関係になるのではないでしょうか。

　OJT 担当者の面談に臨む姿勢や態度で，その後の面談内容が大きく変わるということをご理解いただけたでしょうか。せっかく時間をとって面談するのです。意味のある面談・中身のある面談をしましょう。また，お互い肯定的な気持ちになり，職員も頑張ってみようという前向きな気持ちになれるような面談を心がけてみましょう（図表 5 - 1）。

3　面談の基本原則

　本節では事例14を踏まえて，どのような面談が望ましいのかを整理します。また，状況・取り上げる課題によっても異なりますが，面談の基本原則を紹介します。

（1）面談の趣旨の明確化

1）職員の育成を意図した面談

職員育成を意図した面談にしなければなりません。OJT担当者の怒りや困惑をぶつけるための面談ではないのです。

2）面談の趣旨の伝達

面談の趣旨を職員に伝えます。面談の目的が分からないと職員は不安ですし，何をどう話してよいのか分かりません。面談の目的を明確にすることによって，職員もなぜ今自分がここにいるのか，何をどう話せばよいのか理解でき，意味のある面談となるでしょう。

OJT担当者が職員に声掛けをする際に，職員に「怒られるのではない」「話を聴いてもらえる」と思ってもらえることが大切です。声の掛け方によって随分と面談に臨む姿勢も変わってきます。

（2）OJT担当者の面談時の基本姿勢

1）温かい態度

面談に臨む際のOJT担当者の表情，態度，しぐさ，口調といった非言語コミュニケーションが重要となります。面談を始めるにあたって，温かいまなざし・笑顔で，相手の顔を見て職員を出迎えましょう。非言語コミュニケーションによって職員の受け止め方が随分異なってきます。また「忙しいのにごめんね」といった言葉がけや，部屋に招き入れ椅子に座ることを促す動作があると，職員は安心するでしょう。

ある程度の時間をかけて面談する場合は，座ってじっくり話をしましょう。その際，足組みや腕組みは自己防衛の表れであり，のけ反るような姿勢は横柄な態度として受け止められ，いずれも好ましくありません。前傾姿勢で職員の話に興味があるという態度を示しましょう。面談の最中も，温かいまなざし・笑顔，穏やかな表情，落ち着いた口調で接しましょう。

2）OJT担当者自身のことばでの伝達

注意するにあたって，「みんな言っている」といった他人に依存したかのよ

うな発言は不適切です。OJT担当者自身の言葉で伝えましょう。事例14では他の職員から横田さんへの苦情があり，面談することとなっています。「他の職員も○○と言っている」といった責任転嫁するような言い方をするのではなく，OJT担当者としてどう思っているのかを伝えましょう。つまり，「私は○○と思う」と主語をOJT担当者自身にするのです。

　なぜなら，職員は次のようなことを感じるからです。①OJT担当者はどう思っているのかを知りたいのに他の職員の発言ばかりを言うので，OJT担当者に対する不信感が増大します。②他の職員は自分のことをそのように思っていたのかと他の職員に対する不信感を募らせることになり，信頼関係が崩れてしまいます。そこで，他者からの情報の場合はOJT担当者自身が直接確認し，事実を把握した上で対応しましょう。

3）双方向のコミュニケーション

　双方向のやり取りができる面談を心がけましょう。OJT担当者が伝えたいことだけを伝えるだけの面談では不十分です。職員の話を聴き，想いを受け止め，そのことを的確にフィードバックし，共感することで相互理解が深まります。まさに心と心の触れ合いです。職員とOJT担当者の双方向のやり取りがなされてこそ，建設的な面談となるのです。

（3）職員の想いの受け止め

1）受容的態度での傾聴

　話の内容にもよりますが，当該職員に対する思いやりと信頼関係が重要なのです。そこで，悩み事に対しては受容的態度で，まずは丁寧に聴きましょう。職員の状況や想いを聴き，一方的に否定しないで一旦は受け止めましょう。職員の行動や想いをすべて肯定するというのではありません。「職員の想いは○○なんだな」と受け止めるということです。

　OJT担当者が厳しい態度・冷たい態度あるいは怒るというスタンス，一方的な説教に終始してしまうと，必然的に厳しい態度や口調になってしまいます。また感情的になってしまうと，職員は萎縮したり不信感を抱いたりして，その

想いが態度となって表われます。

そして，その様子を見た OJT 担当者が，職員に対して嫌悪感を覚えるようになります。すると，さらにその感情が態度として出てしまうという悪循環に陥ってしまいます。こうなると，それ以上の会話が進まなくなり，意図する面談にはならないでしょう。

「怖い」と思われたら会話が成立しません。面談を受けた職員が「面談の意味がない」「面談を受けたことで，余計に意欲をなくした」ということにならないようにしましょう。感情的にならず，冷静に対応しましょう。「心配しています，話を聴きますよ，想っていることを自由に話してもらっていいですよ」というスタンスが重要です。

2）共感的理解

共感的理解に努めましょう。受容的態度で接するとは，職員の立場に立って（職員の立場を尊重して）物事を理解することです。職員の悩みや苦しみ，あるいは頑張りを理解することにつながるのです。これを共感といいます。職員の悩みや苦しみ，あるいは頑張りを理解することができると，職員の見方が随分と違ってきます。

3）職員の想いの尊重

一方的な指示ではなく，職員の想いを尊重しましょう。職員に対しては，指示ではなく支持を意識しましょう。その職員なりの想いもあるので，それを尊重します。OJT 担当者である皆さんからすると，「それは違う」と思うこともあるでしょう。しかし，一方的な指示は受け入れてもらえません。自分で納得しないと取り組まないでしょう。まずは受け止め，尊重し，その上であるべき姿を伝えましょう。

4）想いを引き出す質問方法

職員に対して，「どうして！」「なぜ，あんなことしたの！」「ちゃんと説明して！」などの問い詰めるような質問や言い方をしないようにしましょう。想いを引き出す質問をしましょう。「何か考えがあったのではないですか？」「あなたなりの考えがあるのではないですか？」「あなたはどのように考えていま

すか？」「どうしたらよいと思いますか？」「どうしたいと考えていますか？」など職員の想いを引き出すような質問を心がけましょう。OJT 担当者が予見していなかった職員の考えや想いを，引き出すことができるかもしれません。そうすると，職員理解にもつながり，新たな面談の進め方を見出すことができるでしょう。決して，矢継ぎ早に質問をしたり詰問するような質問をしたりしてはいけません。

　そして，表現された内容の背景にあるものを理解するよう努めましょう。まずは，職員の想い（気持ちや感情を含め）を理解し，職員の状況を思いやるようにしましょう。職員の状況を理解することで対応法が見えてきます。その上で，アドバイスや具体的な指示を出すようにしましょう。

5）非言語コミュニケーションからの理解

　職員の表情やしぐさといった非言語コミュニケーションからも，想いを理解しましょう。職員の発言内容だけを鵜呑みにするのではなく，表情，しぐさ，態度といった非言語的コミュニケーションも含めて職員の想いを理解するように努めましょう。

6）受け止めた内容や職員の気持ち・感情のフィードバック

　受け止めた内容や職員の気持ち・感情を，フィードバックしましょう。話を聴き，辛い気持ちや歯がゆい気持ちなど職員の感情を受け止め，その受け止めたことを職員に返していきましょう。単に受け止めるだけでは不十分なのです。「それは辛いですね」「○○で悲しい想いをしたのですね」など OJT 担当者として感じ取った職員の気持ち・感情をフィードバックしていくのがポイントです。そうすることで，職員は「自分の気持ちを分かってくれた」と思うでしょう。その上で，具体的な指示やアドバイスをしたり，時には不適切な言動に関する注意や指摘を行ったりしましょう。

（4）職員が主体となる面談

1）職員主導の会話

　たとえ丁寧な口調であっても，OJT 担当者が喋りすぎないように心がけま

しょう。理屈であるべき姿だけを伝えないようにしましょう。助言内容が知性のレベルでは正しくとも，職員の情緒面を受け止めていないと，相手の心に響かないでしょう。つまり丁寧な口調であっても，説教のようにならないようにしましょう。

　職員が黙ってしまうと，OJT 担当者は不安に感じることがあります。沈黙は必ずしも否定的なものとは限らないので，しばらく「待つ」ということも必要です。職員が話をしてもよいのだろうかと思案中，どのような話をしたらよいのかと思案中，ということもあります。職員に考える時間を提供しましょう。しばらく待っても口を開かない場合は，「何か話しにくそうですね」「どのようなことを考えているのですか」と問いかけてもよいでしょう。いずれにせよ，OJT 担当者が一方的に喋りすぎないようにしましょう。

2）職員の気づきを促す面談

　職員自身の振り返りと気づきを促す面談を心がけましょう。自分を振り返ることのできるような面談だと，自分自身の置かれている状況を理解し，反省すべき点や改めるべき点などを見出せるかもしれません。職員が想いを整理できるようなかかわり，職員が現状を整理できるようなかかわりを心がけましょう。職員自身，どのようなことが起こっていて，何ができていて，何ができていないのか，何がいけなかったのか，どうすべきか，何ができるのかについて理解できると，次の段階に進むことができます。

　職員が自分自身の置かれている状況の理解を促すかかわりは重要である一方，難しいともいえます。問題や課題の内容によって異なってきます。職員の経験や力量によっても異なってきます。具体的な指示を出した方が良い場合もあれば，「その時どう思ったの？」「あなたなりの想いがあったのではないですか？」「今後どうしたらよいと思うのか？」「○○だったと思いますが，そのことについてどう考えていますか？」と問いかけ，考えてもらう，振り返ってもらう方が良い場合もあります。職員の想いを受け止めたかかわりを繰り返していくうちに，職員自身が気づくこともあります。

3）職員の漠然とした想いの整理

職員の漠然とした想いを整理する手助けをしましょう。事例14にある「何か が違う」といった漠然とした悩みを抱いていると，何が問題でどのような課題 があるのを具体的にイメージできていません。このような時は，話を聴きつつ， 職員がその核心に近づけるよう，表現された内容（言語・非言語を問わず）から 憶測して代弁したり，要点をまとめたりすることも大切です。このことを通し て，職員自身の気づきになったり漠然としかイメージできていなかった事柄を 整理することになったりするでしょう。

この時，一方的な決めつけをしないで職員の反応を見ながらやり取りするこ と，職員から発信されたことばの意味を理解しながら総合的な観点から推測す ることを心がけましょう。職員の気づきを促すような的を射た発言ができ，職 員から「そうそう！」「そうなんです！」と返答されると，信頼関係，相互理 解が一段と深まります。

（5）職員との二人三脚

1）職員の重荷を共有

「一緒に」という姿勢が重要です。職員の悩みや抱えている問題のすべてに 答えを出せるわけではありません。すぐに解決できる問題ばかりではないので す。無理に答えを導き出したり，方向性を示したりしなくてもよいのです。答 えを示さないとダメな OJT 担当者だと思われるのではないかといった懸念は 不要です。答えを出そうとすると知性のレベルだけの会話になったり，一方的 な説教になったり，表面的な会話に終始したりして解決には至りませんし， OJT 担当者と職員との相互理解にもなりません。

「一緒に考えていきましょう」という姿勢が重要なのです。一緒に考えてい こうという姿勢を示すことで，職員は「自分の辛さや悩みを理解してもらって いる，見守ってもらっている」という想いに至ります。さらに 1 人で抱えてい た問題の話を聴いてもらったことで，問題の解決には至っていないのですが， 随分と気持ちが楽になるのです。

2）職員の頑張りの評価

　職員の頑張っている点やできている点は，適切に評価しましょう。職員の頑張りを評価することで，次のような効果が見られます。「○○についてはできているんだ，これで良かったんだ」と，職員自身の気づきや自信につながります。職員が「自分のことを見守ってくれている，理解してくれている」といった安心感をもち，OJT 担当者への信頼感にもつながります。

3）秘密の保持

　職員の悩みや発言内容を必要以上に，他の職員に漏らさないようにしましょう。悩み事を打ち明けられる人だと信頼しているからこそ，さまざまな想いを表現しているのです。他の職員に話の内容が伝わってしまうと，内容によっては「あのようなことを言わなければよかった」「あの人には，うかつなことを言ってはいけない」と思われ，当該職員の本音を聴くことができなくなります。他の職員と共有する必要のある内容だと判断した場合は，当該職員に「あなたのために，○○さんには伝えたいのですがよろしいでしょうか」と了承を得ましょう。

Check Point !

　▷　職員が悩んでいる時，行き詰まっていると感じた時，あるいは意欲・やる気を持っている時など面談の機会を設けて話を聴き，想いを理解しましょう。

　▷　「面談して良かった」「面談を受けて良かった」と思えるような面談を意識しましょう。

　▷　面談では，一方的な説教や指示にならないよう，まずは当該職員の想いを丁寧に聴き受け止めましょう。

　▷　当該職員の気づきを大切にした面談を心がけましょう。

　▷　すぐに答えが出る問題ばかりではないので，「一緒に」という姿勢を明確に示しましょう。

<table>
<tr><td>第 6 章</td><td>効果的な誉め方，叱り方・注意の仕方</td></tr>
</table>

本章のねらい

　第 6 章では，効果的な誉め方，叱り方・注意の仕方について説明します。福祉の仕事は，利用者の生活に大きくかかわる仕事です。その中で，職員の意欲・やる気を喚起する方法として，OJT 担当者が職員の仕事ぶりを見て評価し誉めることは重要です。一方で，不適切な言動のあった職員に対しては叱ったり注意したりすることもあります。その意図が当該職員に伝わらなければ意味がありません。そこで，効果的な誉め方，叱り方・注意の仕方とは，どのようなものなのかを，本章では第 8 章のモチベーションおよび OJT 担当者の実体験を踏まえて紹介しています。そして叱ったり注意したりする際に，感情をうまくコントロールする方法としてアンガーマネジメントについても紹介します。

1　誉めること，叱ること・注意すること

（1）誉めること，叱ること・注意することの重要性

　職員の働きぶりについて，人事考課制度を導入し評価している職場も多く見受けられます。一方，日々の仕事ぶりを先輩や上司が見守り，誉めたり感謝やねぎらいのことばをかけたりすることもあるでしょう。場当たり的な誉め方をするのではなく，意識して職員を誉めると効果が上がるのではないでしょうか。人事考課制度も重要だと思いますが，日々の業務の中では，多くの職員は自分の働きぶりを先輩や上司に認められたい，誉められたいと思っているようです。職員育成において，職員を誉めて伸ばすことは重要です。

　一方で，職員がやってはいけないことをしてしまった，やるべきこと・できるはずのことをしていなかった，ということもあるでしょう。福祉の仕事は利

用者の生活，時には生命にかかわる重要な仕事をしています。利用者の生活に深くかかわっている福祉の仕事では，これらのことを的確に行わないと，利用者に不利益をもたらしてしまいます。けがをさせてしまったり，傷つけてしまったり，悲しませてしまったり，怒らせてしまったり，不信感を抱かせてしまったりしてはいけません。さらには，利用者の生命にかかわるような重大な事故にもつながりかねません。

　職員をプロとして育成するためには，職員の不適切な言動に対して，注意したり叱ったりすることは必要です。厳しい指導の必要なこともあります。それは，利用者のためにも当該職員のためにも必要なことです。

（2）信頼関係が土台

　効果的な誉め方，叱り方・注意の仕方をするには，OJT担当者と職員との信頼関係が土台となっています。信頼関係があるからこそ，誉めたり，叱ったり，注意したりしても効果があるといえるでしょう。また，効果的な誉め方を繰り返していくことを通して信頼関係の形成につながるともいえます。

　次の事例では，2年目の職員にリーダーが注意しているのですが，逆効果となってしまいました。どこに問題があったのでしょうか。考えながら読み進めて下さい。

事例15　感情的に叱って気まずくなり適切に指導できなくなってしまった事例

　昨年度，児童養護施設に保育士として就職した溝渕さん（22歳，女性）は，初年度は一生懸命に仕事を覚えようと精力的に取り組んできました。やや空回りするところはあったのですが，日々の定型業務は先輩職員の指導や励ましの下，何とか修得できるようになりました。先輩職員から誉めてもらうと，とても嬉しそうな表情をします。

　今年は2年目で，そろそろ一人立ちの年でもあります。1年目の時のように，先輩職員から見守ってもらったり誉めてもらったりはしません。少し気を抜くと，できるはずのことでもミスをしてしまいます。相田リーダー（女性，39歳）がその都度注意して，その時は改まるのですが，暫くすると同じようなミスを繰り返してし

まうのです。

　幾度となく注意しているにもかかわらず改善せず，他の職員からも「いい加減にしてほしい」「何とかしてほしい」といった声が聞こえてきます。相田リーダーに指導してほしいといった意見を直接言う人も現れはじめました。このような中，相田リーダーはある時ミスをした溝渕さんに「何故できないの！」「何度同じことを言ったら分かるの！」ときつい口調で注意しました。すると溝渕さんは急に泣き出してしまったのです。相田リーダーは「しまった！」と思ったのですが，どうすることもできません。それ以上，話が続かず気まずい雰囲気の中で，面談は終わりました。

　その後，溝渕さんは，表情も暗く，おどおどした様子で仕事をするようになり，そのことでさらにミスを重ねてしまうようになりました。施設の子どもからも「溝渕先生，最近変だよ」と言われるようになりました。相田リーダーも，その後溝渕さんに声掛けをしづらくなり，指導育成どころではありません。

　本事例は，職員のミスに対して感情的に注意をして，その後指導育成ができなくなってしまった事例です。溝渕さんは，1年目は先輩職員から指導を受け，見守ってもらったり誉めてもらったりして，日常の定型業務を修得するに至りました。ただ，系統立った育成ではなかったのでしょう。2年目となり，先輩職員や上司はもう一人立ちできると考えています。ところが溝渕さん自身は，まだ一人立ちには至っていないのです。先輩職員や上司からの見守りや誉められることが少なくなると，初歩的なミスをしてしまうのです。仕事ができるようになって嬉しいというより，誉めてもらっていたから頑張れたのかもしれません。

　初歩的なミスを繰り返す溝渕さんに相田リーダーは業を煮やし，きつい口調で注意をしたことで，気まずい雰囲気になってしまいました。きつい口調と言えば聞こえは良いのですが，「もう，いい加減にしてほしい！」といった感情を，吐き出すような口調で言ったのでしょう。その後，お互い会話を交わすこともなく，溝渕さんはさらにミスを繰り返し，施設の子どもからも心配されています。

　相田リーダーはなぜ，きつい口調で注意したのでしょうか。いったん修得し

たはずの業務であるにもかかわらずできなくなっている，これまで何度も注意していたのにもかかわらず一向に改まらないことに対して，不満を持ち感情的になってしまったのです。あるいは他の職員から「リーダーとして指導してほしい」といった声が寄せられるようになり，焦りがあったのかもしれません。押さえきれない否定的な感情を溝渕さんにぶつけたのであれば注意したことにはならないでしょう。

　感情をぶつけられた溝渕さんは，どう思うでしょうか。叱られたことは分かるでしょう。しかし，一方的に感情をぶつけられ，納得するでしょうか。溝渕さんは，おどおどした態度になって萎縮していますが，人によっては，「リーダーに怒られた！」とか「あんな物の言い方をしなくても良いのではないか！」と反感を抱く場合もあります。いずれにしても，注意した意図が伝わりません。双方の関係が悪化したり，叱られた職員が仕事に自信を無くしたりするなど逆効果です。

　そこで，効果的な誉め方，叱り方・注意の仕方について具体的に見ていきましょう。多くのOJT担当者が心がけている誉め方，叱り方・注意の仕方について紹介しますので，参考にして下さい。

2　効果的な誉め方

（1）誉めることの意味

　誉めたはずが，嫌みに聞こえては意味がありません。誉めるからには誉めたことが伝わらなければなりません。そして，誉められるために仕事をする職員にしてはいけないのです。仕事を的確に行い，その結果，誉められるからこそ意味があるのです。第8章で説明していますが，誉められたことを土台として，仕事の達成感や充実感といったやりがいへとつなげていくことが重要なのです。当該職員の「役に立った」「やればできるという達成感」「自ら○○を学びたい，深めたい」「もっと自分自身を高めたい」といった動機づけの内在化につながる言葉かけ，すなわち職員の意欲・やる気を喚起する言葉かけを意識しましょ

う。当該職員の「やりがい」を実感できることで，より仕事に対する動機づけが高められることでしょう。

　誉める内容としては，職員の具体的なある行動を誉める場合もあれば，職員の日頃の行いを総称して誉める場合もあります。ここでは，これらをまとめて効果的な誉め方を紹介します。

（2）具体的な誉め方

1）心から誉める

　恥ずかしがったり，形式的な誉め方は，事務的に感じられたり，嫌みに取られたりすることもあります。そこで，わざとらしくなく，誠実に，自然な形で誉めることが大切です。そのうえで，表情豊かに，一緒に喜んだり，我が事のように誉めたりする方が誉める側の気持ちが伝わりやすいでしょう。笑顔で，温かいまなざしで相手を見て誉めましょう。

2）他人との比較ではなく頑張っている本人を誉める

　他の職員と比較するよりも，「あなたの頑張りや成長を評価しています」という姿勢でかかわります。そして，「あなたの仕事ぶりをしっかりと見守って，承認していますよ」という姿勢を示します。他の職員にはない頑張りや素晴らしさを評価することで，やりがいを感じる職員もいることでしょう。

3）職員の成長ぶりを評価する

　職員がどう成長したかを，見守り評価しましょう。「○○ができるようになりましたね」「○○について，的確に考えられるようになりましたね」「○○について冷静に見つめられるようになりましたね」など成長ぶりを伝えることで，職員自身，自分の成長を自覚できるようになります。一方，職員が気づいていない長所を見出し，それを伝える（当該職員のストレングスを発掘する）ことで，職員の気づきを促すことにもなるでしょう。

4）感謝やねぎらいの言葉を伝える

　日常の細かなことでも，何気ないことでも「ありがとうございます」「助かります」などの感謝の言葉やねぎらいの言葉を掛けましょう。また職員の目立

たない動きも見逃さず，評価しましょう。職員一人ひとり，それぞれ果たすべき役割や有する能力は異なっています。目立つ業務だけでなく，目立たない業務が着実に遂行されているからこそ，仕事は成り立つのです。この目立たない業務に従事している職員の動きを見守って，誉めましょう。「○○をやってくれてありがとう。あなたがこれをやってくれたおかげで，業務がスムーズに遂行できますよ」と伝えることで，当該職員の仕事の意義や自身の職場での役割も見えてくるでしょう。

5）努力している過程を誉める

結果は大事ですが，取り組んでいるその過程も誉めましょう。「困難な時もありましたが，最後まで諦めずに取り組みましたね」「大変苦労しながらも，○○といった工夫を凝らしましたね」など苦労して取り組んでいたという努力を適切に評価しましょう。なすべきこと（目標）に向け，十分な計画を立て，粘り強く取り組んだということとを評価するのです。

たとえ失敗したとしても，取り組んだ，チャレンジした，ということを適切に評価しましょう。失敗すると，自信を無くし，挑戦しなくなる恐れがあります。そうならないために，チャレンジしたことを適切に評価し，次はどうすればよいかの改善策を考えてもらい，再チャレンジにつなげることが重要なのです。

6）すぐに誉める

誉めるべき場面に遭遇した時や人づてに聞いた時には，すぐに誉めましょう。すぐに誉める方が効果は高いといわれています。人づてに聞いた場合でも，「今，○○さんから聞いたのだけど，……」と切り出せば，その事象そのものはずいぶん前のことでも効果があります。

7）具体的に何がどう良かったのかを伝える

「良かった！」「素晴らしい！」と端的な表現でも伝わりますが，何がどう良かったのか，素晴らしかったのかを具体的に示すことで，何をどう誉められたのか理解しやすいでしょう。抽象的な表現だと，誉められたことは分かるのですが，何を誉められているのか理解できない場合があります。「あなたの○○

がとても良いですよ」「あの時の利用者さんへの言葉がけ，温かい口調で〇〇
と言ったことで，急に利用者さんが笑顔になりましたね。あの言葉がけが良か
ったと思いますよ」「〇〇してくれて助かった」「あなたが企画した〇〇プログ
ラムは，利用者目線で展開されており，利用者もとても喜んでおられました
ね」など具体的な事象を伝えるとよいでしょう。

8）成果の内容を強調する

　職員の行ったことに対して，どのような成果が見られたのかを伝えましょう。
たとえば，入浴を嫌がっている認知症の利用者がある声掛けやかかわりによっ
て，すんなり入浴している姿を見たとします。「すごく上手な声掛けですね。
利用者の〇〇さん，気持ちよく入浴されていましたね。是非参考にさせて下さ
い」と伝え，他の職員とも共有すれば，利用者にとって一番良い声掛けや対応
を職場として共有することもできます。

　そうすることで，当該職員は自分のかかわりが個人レベルではなく職場レベ
ルのものとして取り上げられたことで，職場に認められたと感じることでしょ
う（図表6-1）。

9）些細な事・できて当たり前の事でも誉める

　経験の浅い職員は，自身が行う業務内容に不安を感じています。そこで，皆
さんからすると些細な事，完遂できて当たり前と思われるような事でも，「で
きていますよ」「それで良いですよ」ということを伝えましょう。一言声を掛
けることで，仕事への自信にもつながり，皆さんに対する信頼感にもつながっ
ていきます。

10）ステップ・バイ・ステップで誉める

　あるレベルに達したら誉めようと思っていても，そこにいきなり到達はしま
せん。そこでスモールステップで，些細なことでも丁寧に誉めましょう。誉め
られることで自信につながり，より次元の高いことにチャレンジします。この
繰り返しを通してレベルが向上していきます。

11）職員に意識していることを聴きそれを誉める

　誉めるべき行動について，どうしてそのようにしたのかを聴きましょう。そ

図表6-1　成果の内容を強調して得られる効果とそのメカニズム

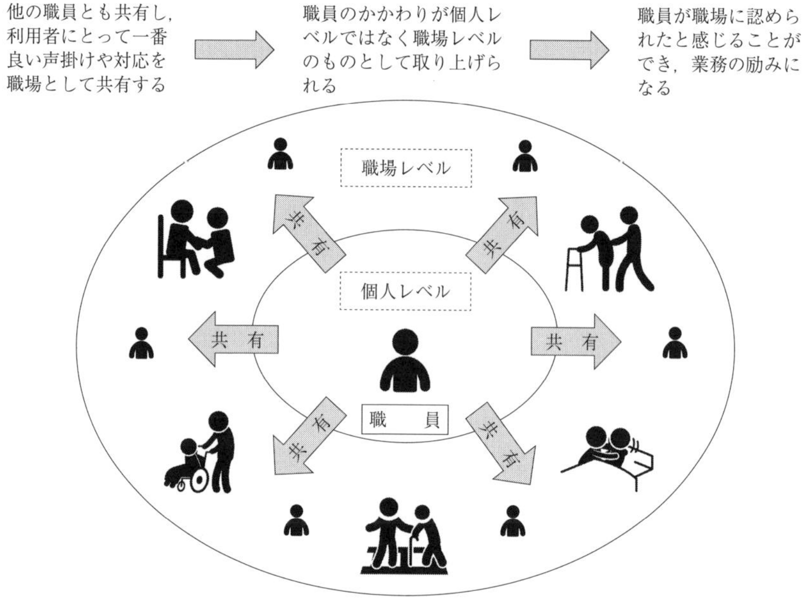
他の職員とも共有し，利用者にとって一番良い声掛けや対応を職場として共有する
職員のかかわりが個人レベルではなく職場レベルのものとして取り上げられる
職員が職場に認められたと感じることができ，業務の励みになる
職場レベル
共有
共有
個人レベル
共有
共有
職員
共有
共有

して行動の根拠となる事柄が，どのように素晴らしいのかを，丁寧に評価して誉めましょう。そのことで，その業務を自信をもって行うことができるようになるでしょう。

12）上司や周囲の職員も誉める

OJT担当者が直接誉めるだけではなく，当該職員の上司や先輩など周囲の職員も誉めると良いでしょう。上司や先輩職員から誉められることは大変勇気づけられ，自分の仕事ぶりを見て評価してくれていると感じることでしょう。普段一緒に仕事をしている先輩など周囲の職員から誉められると励みになるでしょう。また，他の職員に対しても「○○さんは，こんな良いやり方ができています」などと伝えていくと，他の職員の模範となります。さらに，他者にも伝わっていることが分かると，恥ずかしさもありますが，自らの言動を先輩や上司が本当に評価してくれていることを理解できるでしょう。

13) 誉める頻度を徐々に減らす

　誉める頻度ですが，最初は誉めるべき行動を毎回誉めるよう努めましょう。しかし先輩や上司が，毎回誉めるべき行動をチェックできるわけではありません。また誉められないと，その行動を持続することができなくなる恐れがあります。そこで，徐々に誉める頻度を何回かに1回に減らしていくことが望ましいとされています。

3　効果的な叱り方・注意の仕方

(1) 叱ること・注意することの意味

　叱る時や注意する時は，その意図することが相手に伝わらないと意味がありません。やみくもにあるいは感情の赴くまま怒鳴ったり，一方的に捲くし立てて叱ったり注意したりしても，意図することは伝わりません。

　「叱られた」「注意された」といった否定的な感情だけが残ってしまうと，当該職員の業務改善につながりません。誰のために叱るのか・注意するのか，何のために叱るのか・注意するのかが伝わるようにしましょう。意図することが伝わってこそ，叱ったり注意したりする意味があるのです。当該職員が納得することが，何よりも重要です。また，それぞれの職員の能力，経験，特性などを十分考慮しましょう。一律の叱り方・注意の仕方では，職員によって効果が見られないこともあるでしょう（図表6-2）。

(2) 具体的な叱り方・注意の仕方

1) 職員に対する敬意の念を持ち人格を否定する表現を用いない

　職員は，1人の人格を有する人間です。相手の自尊心を一方的に傷つけることは好ましくありません。職員に対する敬意の念を忘れないようにしましょう。横柄に接することも，好ましくありません。職員を追い詰めることのないよう，職員の立場や考えも理解するよう努めましょう。また，何らかのミスそのものについて叱ったり注意するのであって，当該職員の人格を否定することのない

図表 6 - 2　叱る・注意することの意味

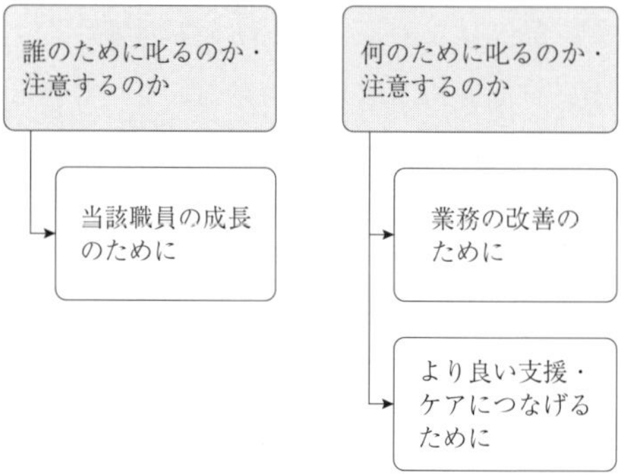

```
┌─────────────────┐      ┌─────────────────┐
│ 誰のために叱るのか・  │      │ 何のために叱るのか・  │
│ 注意するのか        │      │ 注意するのか        │
└────────┬────────┘      └────────┬────────┘
         │                        │
         │  ┌──────────────┐       │  ┌──────────────┐
         └─▶│ 当該職員の成長  │       └─▶│ 業務の改善の    │
            │ のために       │          │ ために         │
            └──────────────┘          └──────────────┘
                                         ┌──────────────┐
                                         │ より良い支援・  │
                                      ─▶│ ケアにつなげる  │
                                         │ ために         │
                                         └──────────────┘
```

ようにしましょう。

2）トラブル・ミスが起こってから時間を空けない

　誉める時と同じで，トラブル・ミスが起こった時や聞いた時に，すぐに対応しましょう。また，緊急性を要する場合や危険を伴う場合など，その場で注意した方が良い場合もあります。

3）まずは事実確認を行う

　断片的な情報や曖昧な情報だけで動くのではなく，当該職員，関係者から話を聴き，事実関係を的確に把握しましょう。そうしないと，一方的に叱られた，自分にも言い分はあるのに聴いてもらえなかった，といった不満が募ります。

4）気づきを促すかかわり

　当該職員は，自分のしたことについて悪気がない場合もありますし，ミスや失敗，リスクに気づいていない場合もあります。何がいけないのか（要因），どうしていけないのか（理由），どうすればよいのか（方法）を，当該職員に考えてもらいます。そうすることで，当該職員の気づきにつながります。

　悪気なく，あるいは問題意識なく雑な仕事をしている職員に対しては，OJT担当者から指摘したりアドバイスしたりして伝えましょう。「利用者さんも困っていた，あなたも，あのようなかかわりをされたらどう思う？」と問いかけても良いでしょう。時には一緒になって，どのように改善したらよいのか考え

図表6-3　気づきを促すかかわり

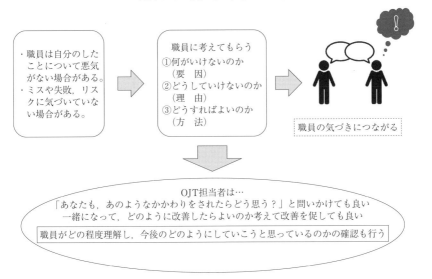

て改善を促しても良いでしょう。そして，当該職員がどの程度理解し，今後どのようにしていこうと思っているかの確認も行いましょう（図表6-3）。

5）声掛けする際に配慮する

先輩や上司から，「ちょっと話があります」と言われると，声を掛けられた職員はどう思うでしょうか。「呼び出された」と思うと，その時点で，叱られる・注意されるのではないかといった不安感を抱いてしまいます。そこで，「○○の件で，教えてほしいことがあります」「○○の件で，お聞きしたいことがあります」と具体的に用件を明示した声掛けの方が良いでしょう。

6）人前で叱ったり注意したりしない

叱る時や注意する時は，緊急時を除き人前では避けましょう（図表6-4）。特に利用者の前で叱ったり注意したりすると，利用者から「あの職員は叱られる人なんだ」といった印象を植え付けかねません。当該職員の自尊心が傷つきます。

また1対1が基本ですが，複雑な内容や深刻な内容の場合は，第三者にも同

図表 6 - 4　人前で叱ったり注意したりは避けるべき

利用者の前で叱ったり注意したりすると，当該職員の自尊心が傷つくので気を付ける

中立の立場の人に入ってもらうことで，ミス・コミュニケーションを避けることができる

叱る時や注意する時は，緊急時を除き，人前では避ける

1 対 1 が基本だが，複雑な内容や深刻な内容の場合は，第三者にも同席してもらう方が良い

席してもらう方が良いでしょう。中立の立場の人に入ってもらうことで，「言った，言わなかった」「ひどい言われ方をされた」などのミス・コミュニケーションを避けることができます。

7）冷静に対応する

　感情的にならずに冷静に話しましょう。また，高圧的・威圧的な態度にならない，大声を出したり怒鳴ったりしない，といったことも気を付けましょう。感情的，高圧的・威圧的な態度は，叱る・注意する側の感情を吐き出しているだけで，本来の叱る・注意することになっていません。注意する前に一息入れて心を落ち着けてから話し合いに臨むのもよいかもしれません。「～と言ったのに！」「しっかりしてよ！」などはき捨てるような言い方をしないで，諭すような言い方がよいかもしれません。

　一方，冷静な対応の中にも，「叱っている」「注意している」ことが伝わる態度を示すことは大切だといえます。

8）謙虚な態度で臨む

　伝え方が悪かった，十分な指導ができていなかったということもあるので，当該職員の非ばかりを強調するのではなく，OJT 担当者の指示の出し方や指

導の仕方が不適切だったかもしれないと自分自身を振り返る謙虚さも必要です。

9）叱る時・注意する時は一つのことだけを伝え長々と話さない

複数のことを一度に叱ったり注意したりすると，焦点がぼやけてしまいますし，悪い所ばかり列挙されると，意欲が減退してしまいます。また，長時間，一方的に話をすることは好ましくありません。説教になってしまいます。特にミスを自覚している時は簡潔に要点だけを伝える方が良いでしょう。ただ，当該職員の想いを丁寧に聴くことは大切です。

10）順序立てて（論理的に）話す

一方的に頭ごなしに話をしたり，自分の意見を押し付けたり，しないようにしましょう。あらかじめ話す内容や手順を整理したりメモなどに記載したりして，順序立てて話をしましょう。何が問題なのか，なぜ問題となるのか（理由），どうすればよいのかを，職場の方針やマニュアルに沿って根拠を踏まえ，具体的に伝えたりアドバイスしたりしましょう。

11）相手の想いも的確に確認し受け止める

一方的に間違いを指摘したり，あるべき姿を伝えたり，OJT担当者の考えを押し付けたりするだけでは，当該職員は納得しません。当該職員がなぜそのようなことをしたのか，現時点でそのことをどう考えているのか，想いや意見を確認し，まずは受け止め，共に考える姿勢を示しましょう。その際，何に喜び，何に困っているのか，またなぜ職員がそのような想いを抱いているのか，なぜそのような行動・発言をしたのかを理解するよう努めましょう。「何で？」という相手を問い詰める聞き方ではなく，「どうした？」「何か理由があったんじゃないの？」といった聴き方をしましょう。特に込み入った話の場合は，じっくり時間を取ってやり取りすることが重要です（図表6-5）。

職員の言い分を聴くことで，職員の抱えている不安を理解できるかもしれません。意外と良い考えをしていることが分かるかもしれません。そうすると，指導方法も変わってきます。

皆さんの職場で「何度説明しても同じミスを繰り返す」という職員はいませんか。その都度あるべき手順や姿を細かく伝えても，一方向の伝え方になって

図表 6-5　相手の想いも的確に確認し受け止める

・一方的に間違いを指摘しない
・あるべき姿だけを伝えるだけでは職員は納得しない
・「何で？」と相手を問い詰める聞き方をしない

・想いや意見を確認し，まずは受け止める
・「どうした？」「何か理由があったんじゃないの？」といった聴き方をする
・込み入った話の場合は，じっくり時間をとってやり取りすることが重要

いる恐れがあります。当該職員なりの想いや言い分もあるはずです。それを聴いているでしょうか。当該職員からすると，自分の正当性を主張しようとして過ちと気づいていないことも考えられます。まず，当該職員の想いを聴きましょう。それを受け止めた上で，あるべき姿を伝えましょう。「○○について，どういう想いがあったのでしょうか。○○と思ったのですね（共感）。でも，○○ですよ。理由は○○だからです」といった流れで話を進めていきましょう。

　当該職員に，「聴いてもらえた，分かってもらえた」と思ってもらうことが重要です。この聴いてもらえた，分かってもらえたという安心感があるからこそ，OJT 担当者の話も聞くことができるのです。OJT 担当者から誤りを指摘されても素直に聞き入れることができ，納得もできるのではないでしょうか。

　さらに，注意・指摘した事柄について当該職員がどう感じているのかも確認しましょう。

12）自分の経験を交えて自分のことばとして伝える

　当該職員には同じ失敗をしてほしくないので，自分の失敗を伝えて喚起を促すこともできます。また，「みんなが言っている」という表現ではなく，OJT 担当者自身が思っていること，実際見たことを自分のことばとして伝えましょう。

13）次につながる表現を用いる

単に「ダメ」だけを伝えるのではなく，改善につながる表現方法を用いましょう。「〇〇してはどうでしょうか」「〇〇の方が効果的ですよ」「次は期待していますよ」「自分でもよく分かっているようだから，今後は気を付けて下さいね」などの言葉がけも参考にして下さい。あるいは「〇〇してもらっても良いですか」とお願いする声の掛け方も効果があるでしょう。さらに，叱った後に，意欲を高めるような言葉かけ（フォローの言葉かけ）を忘れないようにしましょう。「やったらできる」ということも伝えましょう。

14）当該職員の努力を評価する

当該職員の頑張っている点も伝えて，これからも良い職員であることを伝えましょう。また，叱ったり注意したりした事柄が改善できた時は，そのことを誉めましょう。

15）叱った・注意した後，引きずらない

叱ったり注意したりした後は，気まずい雰囲気になったり，当該職員が萎縮したりすることもあるので，皆さん自身が気持ちを切り替えて当該職員と接するようにしましょう。

16）きつく注意しても効果が見られる場合もある

ある OJT リーダー養成研修の参加者の体験談です。1人の部下にある業務を指導すると，すぐにできるようになりました。しかし，しばらくするとできなくなっています。少し意識して取り組めばできるはずなのに，できないのです。注意散漫なのです。そこで，きつい口調で注意したところ，その職員は泣き出してしまったそうです。その際に，冷静な態度で OJT 担当者の想いを伝えました。最近頑張っていることを認め，他の職員からも評価されているのに，なぜ基本的なミスを繰り返すのか，しかもできることではないかと，と伝えました。その後は，その職員は着実にその業務を遂行することができるようになったそうです。このように，自省できる力のある職員へは，愛のある叱責は効果を発揮するかもしれません。

4　アンガーマネジメント

（1）アンガーマネジメントとは何か

1）誰にでも湧き起こる怒りの感情

　仕事上，叱ったり注意をしたりする時，感情のまま怒ってしまうことは好ましいことではありません。叱るべき時に冷静に叱らなければなりません。しかし，私たち人間にはさまざまな感情が湧き上がってきます。嬉しい，楽しい，愉快，感動といった肯定的な感情があります。一方で，辛い，悲しい，寂しい，悔しいといった否定的な感情もあります。この否定的な感情を抱いた時，怒りの感情が湧き上がってくるのです。つまり，冷静に叱ることができないのです。

　近年，この怒りを上手くコントロールする考えとして，「アンガーマネジメント」が注目されています。これは心理トレーニング法の一つで，自分の怒りの癖に気づくことができれば，自分や周りの人にマイナスの影響を与えている癖を変えることができる，怒りっぽい性格は変えられるという考えに基づいています。日本アンガーマネジメント協会という団体があり，アメリカで専門的な訓練を受けた安藤俊介氏が代表を務めていますので，詳細は巻末の参考文献などにあたってみて下さい。

2）怒りの感情のコントロール

　アンガーマネジメントの考えによると，怒りの感情を抱くこと自体悪いことではないのです。怒らなくなることが目的ではなく，怒る必要のあることは上手に怒れるようになる，怒る必要の無いことには怒らなくて済むようになることを目指しています。つまり，怒る場合，「怒り」に任せた行動ではなく，表現方法や場所を選び，怒りの感情を上手に伝えられるようになることを目指すのです。

　感情のまま相手にぶつけると，受け取った側は「怒鳴られた」「怒られた」といったことしか残らないのです。そこで，怒りの感情をいかにコントロールできるかが重要となるのです。感情的にぶつけるのではなく，冷静に，人を傷

つけず，自分を傷つけず，モノに当たることなく，「自分は怒っている」ことを上手に表現できるようになることです。

（2）自分のなかの「べき」論

　では，皆さんは部下や後輩に対して，どのような時に怒りの感情が出てくるのでしょう。

　　　・やってはいけないことをしてしまった
　　　・やるべきことをしていない
　　　・できるはずのことをしてなかった

　アンガーマネジメントでは，怒りの発生を3段階に分けて考えています（安藤 2016a：45-48，安藤 2016b：47-50）。第1段階は，「出来事との遭遇」です。注意したにもかかわらず，部下が同じミスを繰り返しているといったことです。第2段階は，「出来事の意味づけ」です。「注意をしたのに改善できていないのは，仕事をなめているに違いない」といったことです。第3段階は，「怒りの感情の発生」で，この時点で怒りの感情が生まれるというのです（図表6-6）。

　私たちが怒るのは，自分が信じている「べき」によるものです。「～すべき」「～であるべき」といったことです。この自分が抱いている「べき」に反することをされると，図表6-7に示した第一次感情が湧き起こるのです。そして，怒りの感情になるのです。そこで，自分がどのような「べき」を信じているかが分かれば，いつ，どういう場合に自分が怒ってしまうのか，ある程度想像がつくのです。

　しかし，意味づけは色々できるのです。「私が上手く伝えられなかった」「今日も注意をした方が良い」「もう少し丁寧に指導しよう」「これくらいのミスは仕方ないか」などです。

　自分の「べき」は，本当に「べき」なのかを考えてみましょう。つまり，「べき」というフレームを再構築するのです。自分の「べき」と同様，他人の

図表6-6　怒りが生まれる3段階

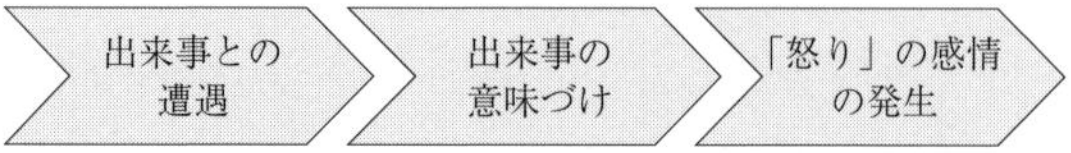

出来事との遭遇	出来事の意味づけ	「怒り」の感情の発生

出所：安藤（2016a：45-48），安藤（2016b：47-50）を基に筆者作成。

図表6-7　怒りの第一次感情

不　安	つらい	苦しい
痛　い	嫌　だ	疲れた
寂しい	むなしい	悲しい

出所：安藤（2016a：41）を基に筆者作成。

「べき」も大切であり，その人にとってかけがえのないもので，人の数だけ「べき」があるのです。この多様性を理解し，人と接することが重要となるのです。そうすることで，怒る必要のないことには怒らなくなるのです。

（3）怒りをコントロールする方法

　一方，怒る必要のあることについては，ストレートに表現するのではなく，一呼吸置く（6秒待つ），「いまはやめておこう」と一度思い怒りにブレーキをかける，衝動的な強い怒りを感じた時に意識的に思考停止（頭の中を真っ白，「ストップ！」と心の中で唱える）する，一旦その場を離れるなど対処するのです。

　自分がどのような時に怒りの感情が湧き起こるのかを，以下に示した項目に沿って記録に留めておくことも効果的だといわれています（安藤2016b：122-123）。記録に残すことで，自分の認識の変化，考え方の変化，感情の変化，行動の変化を振り返ることができるのです。

①　日時：怒りを感じた日時を書きます
②　出来事：怒りを感じた状況について簡潔に書きます
③　思ったこと：その状況をどう思ったかを書きます
④　感情：その時どのような感情をもったのかを書きます

⑤　感情の強さ：スケールテクニックを使って感情の強さを測ります

⑥　行動：どのような行動をとったのかを書きます

⑦　結果：行動した結果，どのような結果になったのかを書きます

※スケールテクニック：怒りのレベルを 0 ～10まで11段階に分けて記載する。「 0 」
　　　　　　　　　　は，怒りの感情はなしで，「10」は，人生最大の怒り。

同じ事で何度も生じる怒りについては，そのことが頭をよぎり，さらに怒り
が増大するので，気分転換をします。掃除，音楽を聴くなど何でもよいのです。
このように，怒りの感情を上手くコントロールしながら，部下や後輩とかかわ
っていくのです。

「自分は怒りっぽい」と自覚されている方，ぜひとも怒りの感情の仕組みを
理解し，アンガーマネジメントに挑戦してみて下さい。

（ 4 ）さまざまな領域で活用可能なアンガーマネジメント

アンガーマネジメントは，先輩や上司が部下や後輩の指導育成の際にも活用
できますが，それ以外にも様々な領域でも活用可能です。たとえば，職員と利
用者のかかわり方においても活用できます。職員が利用者と接する際に，感情
をコントロールできず大声を出したり怒鳴ったり，暴言を発したり高圧的な態
度をとったりすることもあります。このような場合でも，上手く怒りの感情を
コントロールするために，職員にアンガーマネジメントについての理解を深め
てもらうことも重要でしょう。

職員にその時々の状況や場面を振り返ってもらい，冷静にどう対応すべきか
を考えてもらうにあたってアンガーマネジメントの考えを有効活用できるので
はないでしょうか。OJT の一環として，取り入れてみてはどうでしょうか。

Check Point !

▷　職員を誉めることは，職員の仕事ぶりを評価していることにつながり，とても重要なことです。

▷　先輩や上司から誉められることが目的ではなく，誉められることを通して職員が仕事の意義ややりがいを感じられるようになることが重要です。

▷　仕事をする上で，職員を叱ったり注意したりすることは必要です。職員の成長や質の高い福祉サービスの提供のために，叱ったり注意したりしているということを OJT 担当者も職員も理解することが重要です。

▷　感情の赴くまま叱りつけても効果はほとんど無いどころか，逆効果です。

第Ⅱ部　タイプ別に見た OJT の進め方

<table>
<tr><td>第7章</td><td>新任職員・初任者へのOJT
——悩み・行き詰まりへのかかわり</td></tr>
</table>

本章のねらい

　第7章では，多くの初任者が共通して抱える悩みや行き詰まりの内容について整理するとともに，その対応方法について説明します。初任者は，それぞれの個別性があり，抱える悩みや行き詰まりの内容を一律に整理できるものではありませんが，ある程度共通した内容も多く見受けられます。そこで，その内容をあらかじめ想定して，適切な指導育成を行うことが重要だといえます。読者である皆さんが初任者だった頃，どのようなことで悩んだり行き詰まったりしたでしょうか。思い出しながら読み進めて下さい。

1　初任者が抱える悩み・行き詰まりの共通点

（1）初任者が抱える悩みや行き詰まりへの対応の必要性

　熟練者からすると取るに足らない些細なことでも，初任者は悩んだり行き詰まったりします。そして，それぞれの職員によってその内容は異なっているものの，共通事項も多く含まれます。そこで，これらの共通事項をあらかじめ理解した上で指導育成することで，初任者は1日も早く仕事に慣れ，成長につながります。そして，離職率の低下にもつながります。以下の事例を通して具体的に理解しましょう。

事例16　利用児童との関係形成やかかわりに悩む新任職員の事例

　平林さん（女性，21歳）は，この春に保育士養成の短期大学を卒業し，保育士として就学前の障害児を対象とした通所施設に勤務しています。最初は子どもたちと楽しく過ごしていたのですが，日が経つにつれて，仕事の難しさを実感するように

なりました。さまざまな業務があり，また単に子どもたちと楽しく遊ぶだけではなく，子どもとのかかわり方一つひとつにも意味があり，意図をもってかかわっていかなければなりません。

　日常のお遊び，トイレ誘導や昼食の介助などさまざまな場面で，障害の理解，子どもの発達，保育といった専門性を踏まえたかかわりが求められています。子どもとのかかわりのその場面で状況を見極めて，判断することが求められますが，上手くかかわることができず，子どもが急に泣き出したり，不安定になったりして，平林さん自身どうしてよいのか分からなくなっています。

　マニュアルや手順書があって，その通りに子どもとかかわっていれば良い，というものではないのです。先輩保育士のかかわりを見て同じように行っているつもりなのですが，上手くいかないのです。施設の1日の日課も決まっており，先輩方に迷惑がかかるという焦りも出てきました。このことが原因で，子どもへのかかわりにおいても，「○○させる」といった一方的な指示が増えてきました。時にはきつい口調で子どもに注意することもあります。

　本事例は，保育士資格を有し障害児の通所施設に勤め出した新任保育士が，子どもとの関係形成やかかわり方で悩んでいる事例です。平林さんも，短期大学では子どもの発達や障害に関する基礎知識は学びました。しかし短期大学では，具体的な場面でのかかわりについてまでは学んでいません。また保育などの福祉に関する業務は，マニュアルや手引き通りに業務を遂行していれば良いというものではないのです。基本的な知識や技能を踏まえて，適切な対応が求められてくるのです。単に一緒に遊んだら良い，食事介助をすれば良い，トイレに連れて行ったら良い，というものではないのです。

（2）初任者が行き詰まる理由

　新任保育士の平林さんにとって，適切に子どもとかかわることは，とても難しいことでしょう。障害のある子どもの理解，障害のある子どもに納得してもらえるようなかかわり，また個別性を踏まえたかかわりなど，教科書，マニュアルや手引きを超えた専門的な行動が求められているのです。

　短期大学を卒業したばかりの平林さんからすると，専門性を踏まえた臨機応

変の対応というのは理屈で分かっていても，どう考え，判断し，行動していけ
ばよいのか見当もつかないことでしょう。同じような場面で同じようなかかわ
りをしても，上手くいく時といかない時があり，先輩方と同じかかわりをして
いるつもりでも上手くいかないのです。子どもが泣き出したり不安定になった
りすると，平林さん自身どう対応すればよいのか分からず悩んでしまうのです。
　一方で，日課が決まっており，その日課を遂行しなければならないという焦
りから子どもに対して一方的な指示となってしまい，子どもとの距離は遠のく
ばかりです。

2　初任者が抱える悩み・行き詰まり

（1）職場への慣れの問題

1）職場に馴染めるかどうか不安である

　一般的に，新任職員は，勤め出した職場に馴染めるかどうかという不安を抱
いています。先輩や上司，同僚と良好な関係を形成できるだろうか，業務を確
実に遂行できるだろうか，仕事に慣れることができるだろうか，職場の仕事内
容が自分と合っているだろうか，先輩や上司の足手まといとならないだろうか，
というのが不安の代表例です。

2）職場での人間関係を上手く形成できるかどうか不安がある

　職場での人間関係に関する不安は大きいようです。先輩や上司に受け入れて
もらえているのか，存在を認めてもらえているのか，他の職員からどう思われ
ているのか，良好な関係を築いてチームの一員として業務の遂行ができるだろ
うか，といった不安があります。

3）これまでの経験や技能を使えない

　当該職員の有する知識や技能を活用できず，戸惑いを感じているのです。新
卒の職員の場合，学校等で学んだ内容を活かすことができないといったことが
挙げられます。社会経験のある既卒者の場合，以前勤めていた職場と同種別の
職場であっても方針や進め方が異なっており，以前の職場での経験で身に付け

（2）利用者とのかかわりに関する問題

1）利用者・家族とのコミュニケーションが上手く取れない——信頼関係の構築が不十分

利用者・家族との関係形成が上手く図れない悩みです。利用者・家族と上手くコミュニケーションが取れず，時には利用者から相手にされなかったり，かかわりを拒否されたりすることもあります。「自分は利用者から嫌われているのではないか」「職員として認めてもらえていないのではないか」といった不安を抱きます。先輩職員同様，利用者に適切な支援・ケアを行いたいと思っているのですが，上手くコミュニケーションが取れず，悩んでいるのです。

2）利用者とどう接してよいのか分からない

日常の場面で，利用者にどう対応すればよいのかが分からないのです。たとえば，帰宅願望の強い利用者にどう対応すればよいのか，同じ内容のことを何度も質問してくる利用者にどう返答すればよいのかが分からないなど，日常の利用者とのかかわりにおいて，どう対応すればよいのかが分からないのです。不十分な対応や誤魔化しは不適切であると認識しつつも，具体的にどう対応すればよいのかが見えてこないのです。

3）利用者の抱える問題に適切に対応できない

利用者の抱える問題が重すぎて，一人で抱えきれず，どう対処してよいのか分からず，混乱してしまいます。また，利用者のペースに巻き込まれて冷静な対応ができなくなってしまうこともあります。

（3）チームの一員としての問題

1）一人で問題を抱え込んでしまい先輩や上司に相談しづらい

忙しそうに動いている先輩や上司に対して，「この程度の内容で相談したら嫌な顔をされるのではないか，叱られるのではないか」といった不安から，一人で問題を抱え込んでしまい，先輩や上司に相談しづらいと思っています。

意を決して相談しようとしても，タイミングが計れないのです。また，誰に

相談すればよいのか分からないのです。一般的には，OJT 担当者であったり，直属の上司であったりするのですが，日常業務のその場その場で湧き起こる悩みについては，セオリー通りにはいかないのでしょう。

2）想いがあっても自分の意見を言いにくい

新任職員なりに，業務に対する想いや意見はあるのですが，それを表明することが難しいのです。否定されるのではないか，的外れな発言になるのではないか，余計なことと思われないだろうか，嫌がられるのではないかなどと詮索していると意見を言えないのです。

3）指導内容や指導方法が曖昧なのでどうすればよいか分からない

利用者支援・ケアの方針が定まっていなかったり，マニュアルが整っていなかったりするので，業務の手順が分からないのです。指導する先輩職員が日によって替わり，先輩によって指導内容が異なっているのです。昨日教えてもらった先輩の指示通り行っていたら，別の先輩からは「そのやり方は間違っている」と指摘されると，誰の指示に従えば良いのか分からなくなるのです。

（4）業務の修得に関する問題

1）業務を覚えられない

中々業務を覚えられない，教えてもらったことがその通りできない，といった悩みです。業務の何をどうすればよいのか分からないのです。日常の定型業務であってもどう動けばよいのかが分からない，日常の定型業務通りではない業務を求められると，なおさら混乱するのです。そして，どこまでやればよいのか（当該業務のゴール）が分からない，自分一人でどこまでやればよいのかが分からなくなるのです。また一度に複数の業務が発生した時にどの業務を優先して行えばよいのか，優先順位が分からないのです。

一方，業務に必要な知識や技能に，自分の力量が追いつかないのです。応用の必要な内容については，なおさらどうすればよいのか分からないのです。さらに，自分の行っていることが良くないことだとは分かるのですが，どうすればよいのか分からないのです。あるいは，先輩や上司に教えてもらった通りに

しているつもりが，上手くできないのです。なぜ，上手くできないのかが分か
らないのです。

このような状態なので，仕事を続けていけるかどうか不安になってしまうの
です。

2）業務の良し悪しの判断がつかない

自分の従事している業務が期待水準に達しているのかどうかの判断がつかな
いのです。つまり，実施している業務内容に自信が持てないのです。

先輩や上司に注意・指摘を受けるが，何を注意・指摘されているのか，何故
いけないのかが理解できないのです。「自分ではできているつもりなのに」と
思うこともあるでしょう。

3）失敗に対する恐れがある

これをやって失敗したらどうしようと躊躇し，何もできなくなってしまうの
です。そのことが周囲からは消極的，意欲がない，受け身の姿勢といったマイ
ナスの評価につながり，さらなる焦りを感じてしまうのです。

4）毎日の業務の多忙さに余裕がない

業務が多すぎて十分対応できない，仕事のリズムが摑めない，日々の業務に
追われ，それを消化することに精一杯で，より高い次元での仕事につながらな
いのです。このことが，先輩職員の足手まといになっていないかと悩んだり，
このような状態では本来の利用者支援・ケアになっていないのではないかと悩
んだりするのです。

5）予期せぬトラブル（突発の出来事）に対処できない

ある程度の定型業務は遂行できるが，予期せぬトラブルが発生したり，想定
外の事態が起こったりした時に，どう対処したらよいのか判断に迷い，混乱し
て，適切な対処ができないのです。

6）現実と理想のギャップを感じている

学校や研修で学んだことと実際の職場の姿との落差が大きく，どう考え，ど
う振る舞えばよいのか戸惑うのです。先輩や上司の中には問題意識をもって，
より良い方向を目指していこうという動きがあるとよいのですが，そうでない

と，新任職員なりの方向性が見出せなくなるのです。現状に疑問を感じつつも，さらなる一歩が踏み出せないのです。

3　初任者が抱える悩み・行き詰まりへの対応方法

（1）初任者の状況把握

　まず，初任者の状況を把握することが重要です。OJT担当者から見て初任者がどのような状況にあるのか，どのようなことで悩んだり行き詰まったりしているのかを見極めていきます。単に表面に出てきている「仕事ができていない」という状態だけでなく，なぜできていないのか，職員はどのような想いでいるのかを理解することで初任者の悩みや行き詰まりの本質が見えてきます（図表7‐1）。

（2）初任者との良好な関係

1）相談できる雰囲気を醸し出す

　初任者が相談しやすい，話しやすい雰囲気づくりを行います。当該職員が悩んだり行き詰まったりしている時に，相談できる雰囲気や仕組みをつくっておきます。この相談しやすい雰囲気があると，問題が深刻化する前にOJT担当者が話を聴くことができ，適切な対処が可能となるのです。

2）初任者へのこまめな声掛けを行う

　当該職員の様子で困っていそうだ，悩んでいそうだなど変化に気づき，こまめに声掛けをしましょう。あるいは，「困っていることはないか」など定期的に声掛けをしましょう。単に職員からの相談を待つのではなく，声掛けをすることで，相談のきっかけとなります。職員が悩みを打ち明けてくれれば，適切な対処につながります。声掛けの方法として，第3章3で説明したように「○○で困っているように見えるけど……」「○○についてどのような状況ですか？」と悩みや行き詰まりの核心を突いた声掛けをする方が良いでしょう。

図表 7 - 1　初任者の現状把握

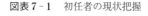

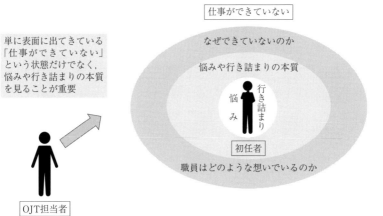

（3）問題・課題の明確化・焦点化

1）悩みや行き詰まりの内容を明確にする

　当該職員の話を丁寧に聴き，悩みを共有しましょう。そして，職員の想い，考えや意見を理解します。職員が「分かってもらえた」と思えることで，問題が解決していなくとも，安心感から随分と職員の背負っている重荷を軽減することになります。

　話を丁寧に聴き，やり取りすることで，職員自身曖昧だったり漠然としていることの整理につながったり，気づきにつながったりします。悩みごとは抽象的な内容に留まるのではなく，具体的にどのようなことで悩んだり行き詰まったりしているのかを聴きましょう。業務一つひとつを一緒に確認し，何が分からないのか，どこでどう行き詰まっているのかを見出して，課題を整理しましょう。「あなたが行き詰まっているのは〜ということですね」「〜について，どうすればよいのか悩んでいるのですね」といった具合に，当該職員の悩みや行き詰まりの内容を具体化しましょう。職員自身が気づける・整理できるかかわりが大切となります。

　初任者の中には，何が分からないのか，何ができていないのかを理解できていない場合もあります。すぐに答えを伝えるのではなく，業務が上手くできな

図表7‐2　気づきを通しての悩みの軽減

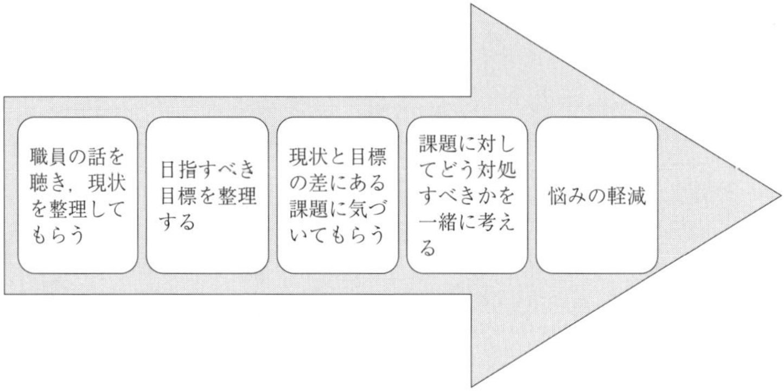

かった時には，何がどう良くなかったのか，どうすべきかを考えてもらい，一緒に整理していきます。職員自身に振り返ってもらい，一緒に考えながら整理していきます。

2）取り組むべき課題を明確にする

　曖昧だった悩みや行き詰まりの内容を具体化したら，取り組むべき課題を明確にしていきます。取り組むべき課題を明確にすることで，何をどうすべきかが見えてきます（図表7‐2）。

　その際，色々な観点から質問し，気づきを促していきます。何が問題だと思うのか，その時の気持ちはどうだったのか，どうなれば良いと思うのか，どうすれば良いと思うのかなど多様な観点から問いかけ，考えてもらいます。この時，決して詰問するような問いかけにならないよう十分留意しましょう。

（4）業務内容・職員の力量に応じた対応

1）具体的な指示の提示から気づきの促しまでの多様なかかわりがある

　業務内容・職員の力量によって，対応は異なってきます。一つひとつ具体的に指示を出していくこともあるでしょう。アドバイスをして，職員自身に考えながら取り組んでもらうこともあるでしょう。あるいは，職員に考えてもらい一緒に整理する，ヒントを提示し気づきを促す場合もあります。

　初任者の力量によっては，まず具体的な指示を出して実施してもらう方がよいこともあります。OJT担当者の指示の下，「できた」という実感，成功体験を経て自信につながっていきます。その際，その業務の修得に向けて，可能な範囲で一緒に行うことで当該職員の安心感にもつながります。

　しかし，指示待ちの職員にするのではなく，気づきを促すかかわりを意識しましょう。

2）承認する

　職員の考えや行っていることを励ましたり支持したりしましょう。できていることについては，「できていますよ」「大丈夫ですよ」「それで良いですよ」など声掛けをしましょう。職員は，OJT担当者から見て確実にできていると思えても，不安を感じていることもあります。承認の声掛けをすることで，自信につながったり自分の思考や言動の根拠を確信することにつながったりもします。

　失敗しても大丈夫であることを伝え，リラックスできるような声掛けをするなどの雰囲気をつくりましょう。やろうとする姿勢，取り組んだことそのこと自体を評価しましょう。そうすることで，失敗しても再チャレンジにつながるでしょう。

3）体験談を話す

　OJT担当者の過去の体験談を伝え，自信をもってもらうのも良いでしょう。「私も過去にあなたと同じことで失敗したり悩んだりしたこともあり，そのような時に○○をして乗り切ってきた」「誰もが通る道だから焦らなくても大丈夫」だということを伝えましょう。

4）手助けをする

　職員だけでは対応できない問題や課題については，手助け，フォローすることも必要となります。そうすることで，チームの一員として認めてもらっている，助けてもらえた，と思ってもらえるでしょう。「何でもやってあげる手助け」「失敗を覆い隠すためのフォロー」ではなく，職員が努力して取り組んでも現時点で困難なところを手助けしたり，フォローしたりするのです。チーム

図表 7‐3　ステップ・バイ・ステップでの問題対処

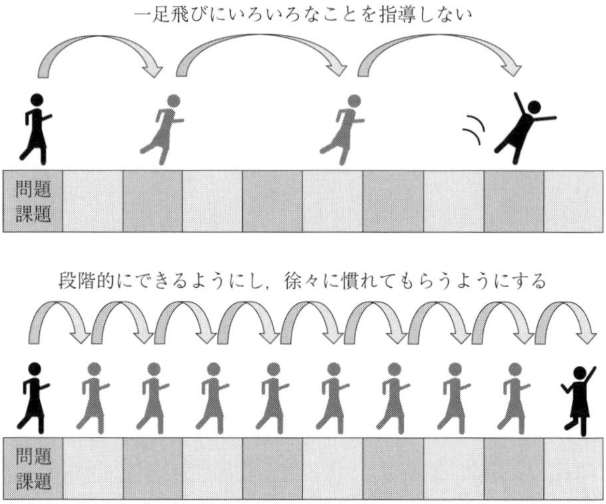

一足飛びにいろいろなことを指導しない

段階的にできるようにし，徐々に慣れてもらうようにする

　として，業務を成し遂げるのです。これは，今回は一人でできなかったが，次はステップアップするよう，当該職員の成長につなげていくことを意図した取り組みです。

（5）体系立った指導方法

1）業務に関する手引き・マニュアルを整備し活用する

　業務に関する手引き・マニュアルがあると，それを基に何をどうすればよいのかが分かります。特に，定型業務については我流で行うのではなく，職場の方針に基づき，手引き・マニュアルに沿って行うことは大きな意味を持つでしょう。そこで，手引き・マニュアルを整備し，活用できるようにしましょう。必要に応じて，標準の手引き・マニュアルを当該職員用にアレンジしても良いでしょう。

2）ステップ・バイ・ステップにて問題対処する

　一足飛びにいろいろなことを指導するのではなく段階的にできるようにし，徐々に慣れてもらうようにします。遠いゴールだけを見るのではなく，現在の

状況からスタートし，ゴールに向けてまず何をすればよいのかを見定め，次の段階に進みます。その積み重ねを通して徐々にゴールに近づけていくのです（図表7‐3）。

Check Point !

▷　新任職員など初任者には，ある程度共通した悩みや行き詰まりがあることを理解しましょう。

▷　悩みや行き詰まりの内容を極力具体的に整理していきましょう。

▷　当該職員の置かれている状況を十分理解した上でかかわりましょう。

▷　課題を明確にし，どう対応するのかを一緒に考えましょう。

▷　ステップ・バイ・ステップで徐々に悩みや行き詰まりの課題を改善していきましょう。

意欲・やる気の感じられない職員へのOJT
——モチベーションアップにつながるかかわり

本章のねらい

　第8章では，職員の意欲・やる気をいかに引き出し高めていけばよいのか説明します。職員が仕事に対して意欲・やる気をもって取り組むことで，クリエイティブな発想が生み出されます。そのことが質の高い福祉サービスの提供につながります。職員の意欲・やる気を引き出し高めていくことは，職員育成において不可欠です。この，意欲・やる気はモチベーションのことです。心理学の観点からモチベーションの源となる要因やモチベーションを高めるかかわりについて解説します。そして，職員育成においてどう活用すればよいのかについて紹介します。

1　職員の仕事に対する意欲・やる気

（1）OJT担当者自身の意欲・やる気

　本章を読み進めていく前に，まず部下や後輩の指導育成を担う皆さんに振り返っていただきたいことがあります。皆さんは，仕事に対する意欲・やる気を感じているでしょうか。前向きな姿勢で仕事に取り組んでいるでしょうか。仕事は楽しいことばかりではありません。辛いことも多くあります。「気力が湧かない」こともあるでしょう。時には「休みたい」「辞めたい」と思うこともあるでしょう。しかし，総じて福祉の仕事に対して，今の職場での仕事に対する意欲・やる気はあるでしょうか。

　普段の仕事において，OJT担当者は，明るく元気で，笑顔で，さらには温かい態度で振る舞っているでしょうか。OJT担当者が暗い顔をしていたり，辛そうな顔をしていたり，イライラしていたりすると，OJTを受ける職員は，憂鬱になり，報告・連絡・相談をしにくくなります。不安に陥ったり意欲・や

る気の減退にもつながったりしかねません。職員が OJT 担当者の顔色を窺っ
ているようでは，OJT にはなりません。OJT 担当者が明るく，笑顔でいてく
れるからこそ，職員はリラックスでき，安心できるのです。

　皆さんが仕事に対して意欲・やる気がないと，その下で指導を受ける部下や
後輩は育ちません。総合的に捉えての皆さんの仕事に対する意欲・やる気の有
無が，OJT にとってとても重要なのです。皆さんは，どのようにして仕事に
対する意欲・やる気を高めたり維持しているのでしょうか。このことを踏まえ
ながら，読み進めて下さい。

（2）仕事に対する意欲・やる気は職員の飛躍的な成長の源

　職員育成のゴールは，職員の自主性や主体性といった意欲・やる気を育み，
豊かな創造性の下，質の高い福祉サービスの提供を目指す職員へと成長するこ
とにあります。職員が，仕事に意義を感じ，やりがいを感じて生き生きと取り
組むことで，質の高い福祉サービスの提供につながり，さらには職員の成長に
もつながるのです。

　ところが，すべての職員が必ずしも意欲・やる気をもって仕事に従事してい
るとは限りません。受け身の姿勢，消極的な姿勢で仕事をしている職員も一定
数存在します。以下の事例17・18のような職員が，皆さんの職場にもいるので
はないでしょうか。

事例17　仕事の中身よりも時間を基準に仕事をしている職員の事例

　他業種から転職し，正規職員として採用された七條さん（男性，35歳）は，今年
で3年目となります。入職した当初から淡々と仕事をして，日々の定型業務は一通
りできています。しかし，それ以上の成長が見られず，最低限度の業務を消化して
いるだけといった感じです。
　生き生きとした様子は見られず，業務に熱心に取り組んでいるという様子も見受
けられません。仕事の意義を感じてより高度なものを目指すというより，業務時間
内に言われた事だけ仕事をしているといった感じです。やるべき仕事が残っていて
も，定時になると仕事を切り上げて帰ってしまうことも何度もあります。まさに受

け身で仕事をしているといった感じです。

　現場の中核としての役割や後輩の指導係や相談役としての役割を担ってほしいの
ですが，当の本人にそのような気配が感じられません。

事例18　仕事の意義を見出せず意欲・やる気が感じられない職員の事例

　浜本さん（女性，22歳）は，短期大学で保育士の資格を取得して障害者の作業所
に就職した2年目の職員です。1年目は，一生懸命仕事を覚えようと張り切ってい
たのですが，2年目になり，一通り定型業務については修得できたものの，毎日，
作業のノルマをこなすだけの日々に疑問を感じるようになりました。利用者の生活
支援というより，作業中心で無事ノルマを達成し，取引先の企業からのクレームが
無ければ，無事仕事が終わるという日々です。納期が迫っている時は，夜遅くまで
残業し，職員が目の色を変えて作業に従事しています。

　浜本さんは，「私は何のために，障害者福祉の仕事をしようと思ったのだろうか」
「毎日，作業ノルマを達成する日々の繰り返しで，このような仕事は意味があるの
だろうか」などと思うようになりました。仕事の意義や目標を見出すことができて
いないのです。先輩職員に相談するのですが，明確なアドバイスをもらえません。
一方で，毎日の作業ノルマに追われ，じっくり考える余裕もなく，月日が流れてい
きます。

　障害者福祉の仕事に強い想いを抱いて就職したのですが，想い描いていたような
仕事ができず，行き詰まっています。利用者の生活支援に貢献している，短期大学
で学んだ専門的知識や技能が役立っている，専門職として頑張っているといった実
感があると良いのですが，最近では，仕事に対して意欲・やる気が消失し，何事に
も消極的になっています。

　事例17・18は，いずれも意欲・やる気を感じられない職員の事例です。事例
17では，一通りの定型業務はできているのですが，3年目の正規職員としての
役割を果たしているとはいえません。熱心に生き生きと仕事に取り組んでいる
とは言い難く，職場に魅力を感じることなく淡々と受け身の姿勢で仕事をして
いる事例です。

　事例18では，入職当初は自分が学んできた専門性を活かして，障害者福祉の
職場で頑張っていこうと前向きに取り組んでいたはずです。それが，作業ノル
マを達成することが日々の業務の目的となってしまっている現状に疑問を感じ，

福祉の仕事の意義を見出せず悶々とした日々を過ごしているのです。当然，福祉職員としての目標も見失っています。仕事そのものの意欲・やる気が消失してしまった事例です。

　いずれの事例も，福祉サービスの質の向上につながらない上，職員の成長にはつながりません。職員の意欲・やる気を喚起するには，どうすれば良いのでしょうか。

2　モチベーションとは何か

(1) モチベーションの意味

　意欲・やる気は共に，「積極的に何かをしようと思う気持ち」といった意味で，そこには，「目標に対する能動的意志活動」という意味があるようです（新村編 2018：213・2973）。意欲・やる気は，「モチベーション」とほぼ同じ意味で用いられ，モチベーションは心理学では「動機づけ」といわれています。本章では，外山美樹らの書籍を基にモチベーションの説明を行い，職員のモチベーションを引き出し，発揮できる育成方法について考えていきます。

　モチベーションとは，「人間やある種の動物の内部に仮定されている力で，ある行動を引き起こし，その行動を持続させ，結果として一定の方向に導く心理的過程」のことをいいます（外山 2015：2）。モチベーションを端的にいうと，「目標に向かう頑張りや達成に向けての意欲，やる気，あるいは努力」となります（モチベーション・マネジメント協会編 2015：はじめに）。

(2) モチベーションの源

　人間を行動に駆り立てるモチベーションの源泉は，一体どこにあるのでしょうか。「○○がしたい」といった身体的・心理的状態を「欲求」といい，ある行動を生み出したり持続させたりするエネルギーのようなもので，モチベーションの源になっているといわれています（外山 2015：3）。

　この欲求には，空腹や渇き，睡眠や排せつといった生命の維持にかかわる生理

図表 8 - 1　内発的な動機づけの要因

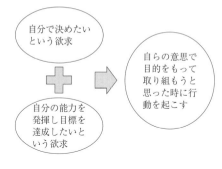

的な欲求があります。しかし，人間は生理的な欲求が満たされていたら十分かといえばそうではなく，より高次の欲求があることがいくつかの心理学の実験で分かってきたのです。

心理学者のマズロー，A. H. は，人間には生理的欲求だけではなく，安全と安定の欲求，所属と愛の欲求，承認・成功への欲求，自己実現の欲求という 5 段階の欲求があると提唱しています。

人間は受動的な存在ではなく，環境から影響を受けると同時に，自ら環境に働きかける能動的な存在であることが指摘されています（外山 2015：10-11）。つまり人間には，本来，新しいことややりがいを求める傾向，自分の能力を広げ，発揮し，探究し，学ぶという傾向が備わっているというのです（外山 2015：71）。そして，2 つの欲求，①他者にコントロールされるのではなく自分で決めたいという欲求，②自分の能力を発揮し目標を達成したいという欲求が満たされている時に，内発的に動機づけられると考えられたのです。人は，自らの意思で目的をもって取り組もうと思った時に行動を起こすというのです（図表 8 - 1 ）。

（3）外発的動機づけと内発的動機づけ

1）外発的動機づけ

モチベーションを心理学用語で表現した「動機づけ」には，外発的動機づけと内発的動機づけに分けられます。外発的動機づけに基づいた行動とは，何らかの目的を達成するための手段として行動するのです。賞罰，強制，義務といった外部からの働きによってもたらされる動機づけのことです。高い賃金を得るために，先輩や上司に誉められたい，認められたい，逆にいい加減なことをして賃金を下げられないように，先輩や上司に叱られないように仕事をしてい

る, といったことが挙げられます。

　外発的動機づけに基づいた行動の場合, 外的な報酬と罰によって動機づけられており, 行動の目的が行動を起こすこと自体ではなく他にあるため, 目的が無くなった時点で自発的に行動しなくなり, モチベーションが低下しやすいと考えられています (外山 2015 : 74-75)。金銭が報酬の場合は, 顕著のようです (ピンク 2018 : 16)。人を管理する立場にある者が, 報酬と罰による動機づけに頼りすぎると, 職員は怠け者だから管理して, 「仕事をさせる」というようになってしまう恐れがあります。活動から自然と生じる満足感といった内から湧き起こる欲求というよりは, その活動から得られる外的な報酬といった外的な欲求によってエネルギーを得るのです (ピンク 2018 : 116)。

　とりわけ「叱られるから」「嫌な思いをするから」など, 何かから逃れようとして生まれるモチベーションは, 一時的には効果がありますが, そのことを回避してしまえば, 一気にモチベーションは低下してしまいます。叱られなければ何もする必要はない, ということになるのです。したがって, 罰を与えて管理しようとしても, モチベーションは持続しないのです。

2）内発的動機づけ

　一方, 内発的動機づけに基づいた行動とは, 行動そのものが目的となっているのです。課題に取り組むこと自体が内発的な報酬にあたるという考えです (外山 2015 : 13)。面白いから, 興味があるから, その行動をするのです。内発的動機づけに基づいた行動は, 外的な報酬や罰は必要なく, そこから得られる達成感や充実感が報酬となるため, 自発的に, 積極的にその行動に従事し, しかも継続的に行うことができるのです (外山 2015 : 76)。活動そのものから生じる満足感と結びついているので, 内から湧き起こる欲求をエネルギーの源としているのです (ピンク 2018 : 116)。

（4）外発的動機づけの内在化

　内発的動機づけに基づく行動であっても,「○○をしたら, ○○を与える」といった交換条件付きの報酬を提示すると, 内発的動機づけを下げることにな

ることが，いくつかの実験で確認されています（外山 2015：31）。報酬のために取り組んでいるので，自分で取り組んでいる行動ではないのです。報酬のためとなれば，自分の取り組んでいる活動が楽しみのためではなくなるのです。いわば，自分でコントロールしている行動ではなく，他者にやらされている行動となるのです（外山 2015：31）。報酬をもらうことが目的となり，そのための行動は手段となってしまうのです。報酬を期待するため，報酬が無くなると，活動を自発的に行うことはなくなるというのです（外山 2015：32）。

　ただ，外発的動機づけがすべて「悪か」といえば，必ずしもそうとは言い切れないのです。

　外発的動機づけに基づいた行動は，単により高い賃金をもらえる，あるいは賃金を下げられるのが嫌だから，叱られたくないからということだけではないのです。仕事ができないと恥ずかしいから，自分の仕事に対する夢を叶えたいから，自分の能力を高めたいから，専門性を活かしたいから，人の役に立ちたいから，といったさまざまな理由で，仕事に対するモチベーションが上がったり，維持されたりします。福祉の仕事でいえば，利用者の変化や成長が見られるから，利用者の生活の質の向上につながるから，利用者に喜んでもらいたいから，といったことになるでしょうか。同じ外発的動機づけであっても，意味合いが大きく異なってきます（外山 2015：77）。

　外発的動機づけに基づいた行動でも，他者に強要されるのではなく，仕事に対する重要性を自分なりに感じ取っている場合もあります。いわば，他律的な要因ばかりではなく，自律的な要因が含まれているというのです。人間が社会的価値観などを自分のものとして取り入れることを心理学では「内在化」といいます。外発的動機づけであったとしても，より自律性の高い動機づけの方がパフォーマンス（仕事であれば仕事の成果）や精神的な健康の面で優れているということも理論化されているそうです（鹿毛編 2017：49）。つまり，内発的動機づけはもちろんのこと外発的動機づけであっても，より自律的な動機づけであれば，動機づけとしては望ましいというのです（外山 2015：80）。

　福祉職員の多くが福祉の仕事に就こうと思った動機として，「人の役に立ち

図表8-2　動機づけの分類

外発的動機づけ					内発的動機づけ
非自律的（非自己決定的）			自律的（自己決定的）		
		（内在化）　　→			
給料がもらえるから	やらなければいけないから	自分の夢や目標のために必要だから	自分の能力を高めたいから（成長したいから）	仕事そのものが面白くて楽しいから	
給料を下げられたくないから	馬鹿にされたくないから	自分にとって必要だから	専門性を発揮したいから	仕事そのものに意義を感じるから	
			資格を活かしたいから	仕事をしていると充実感を得ることができるから	
やらないと叱られるから	恥をかきたくないから		人の役に立ちたいから・利用者の成長が見られるから・利用者の生活の質の向上につながるから・利用者に喜んでもらいたいから・チームの一員として役立ちたいから	チームの一員として仕事ができることに喜びを感じているから	
誉めてもらえるから・認めてもらえるから					
昇格・昇進できるから					

出典：外山（2015：78）・鹿毛編（2017：59）を基に筆者作成。

たいから」「専門性を活かせると思うから」「自分自身の成長につながると思うから」など外発的動機づけであっても，より自律的（内在化）な内容が含まれています。職員がより自律的に仕事をするというのは，人にやらされるのではなく，自らするということなのです。福祉の仕事に対して，抱いている魅力や期待を成就できるよう育成していくことが重要だといえます。

　人間は，その対象となるものに意味があると見なすから，重要だと思うから，努力するのです（ピンク 2018：180）。業務そのものに意味を見出し，重要と思えると努力するのです。そして努力してやり遂げるからこそ，その成果に充実感を感じるだろうし，上手くいかなかったら，残念，悔しいと思えるのです。そして，再チャレンジしようと思えるのです。自律性の高い（より内在化され

た）動機づけによってもたらされた行動は，さらに複雑な能力や技能へと成長するといわれています（鹿毛編 2017：168）（図表 8 - 2 ）。

3　さまざまな動機づけによる意欲・やる気の喚起

（1）クリエイティブな発想のための内発的動機づけ

1 ）クリエイティブな発想をもたらす内発的動機づけ

内発的動機づけは創造性につながりますが，他者にコントロールされた外発的動機づけは創造性を奪うといわれています（外山 2015：35）。既存の問題を解決するような単純作業の場合には，報酬と罰は効果を発揮するが，発想や創造力のいる作業では，報酬によって解決を焦り，視野や思考の幅が狭められ自由度がなくなってしまうのです（外山 2015：39）。

内発的動機づけは，その活動自体に興味があり，やりがいを感じ，夢中になれるので，その活動をしたいという原動力が，さらに高いレベルの創造性を発揮させるにはきわめて重要になるのです（ピンク 2018：77-78）。

2 ）自律性や内発的動機づけの重視

自律性や内発的動機づけを重視する人は，外発的に動機づけられた人よりも自尊心が高く，良好な人間関係を築き，総じて幸福感を抱いているといわれています（ピンク 2018：121）。

給料が高くとも，仕事そのものに意義を見出せなかったり，面白くなかったりすると，離職してしまい，給料が下がったとしても，意義を見出すことのできる職場に転職する人を見かけます。これは，より自律的な外発的動機づけや内発的動機づけに起因する要因が，モチベーションと大きく関わっていることの証ともいえます。

むろん，十分な給与を支払うということは不可欠です。しかし，金銭は発端となる動機づけにすぎないといわれています（ピンク 2018：127）。クリエイティブな人を引きつける仕組みが重要で，自律性がキーワードとなります（ピンク 2018：136）。ある中小企業を対象とした調査では，社員に自律性を促すかか

図表8-3　自律性のもたらす効果

・全体的な理解が深まる
・成績が向上する
・生産性が上がる
・満足度が高くなる
・粘り強さが強化される　　　　精神的健康の改善
・バーンアウトが少なくなる
・離職が少なくなる
・組織への波及効果がある

出所：ピンク（2018：132）を基に筆者作成。

わりをしている企業は，トップダウンで管理志向の強い企業に比べ，成長率は高く離職率は低くなるという結果が出ているそうです（ピンク 2018：132）。また，自律性が持てるように部下を支援する上司を持つ社員は，仕事に対する満足度が非常に高く，それが仕事にも反映されて高い成果を上げるようになるそうです。さらには，自律性のもたらす利益は他の社員にも影響し組織へと広がるとのことです（ピンク 2018：132）（図表8-3）。

　このように，他律的な外的な報酬や罰だけでは受け身の仕事にしかならないのです。福祉サービスの質の向上にはつながらず，働いている職員の満足感は高まらず，創造性を欠き職場も沈滞化した状態で，離職率も高い状態になってしまいます。個々の職員にとっても，職場全体としても好ましい状態とはいえません。

3）外発的動機づけも必要

　一方，外発的動機づけの中で，高い賃金を得られるから，誉めてもらえるから・認めてもらえるから，昇格・昇進できるから，叱られたくないから，といった他律的な要因がまったく不要かといえば，そうではありません。これらの外的な動機づけが存在するからこそ，行動は引き起こされるのです。すべての職員がすべての業務を，より自律的な外発的動機づけや内発的動機づけのみで行っているとはいえません。

　自律的な外発的動機づけや内発的動機づけが十分であったとしても，無給で仕事を継続することは，現実には起こりえません。給料は高い方が嬉しいです。

仕事ですから，不適切なことをしたりやるべきことをしなかったら，先輩や上司に叱られたり注意されたりします。利用者に迷惑をかけ，利用者からお叱りを受けることもあります。このような事態を避けるために一生懸命仕事をする，という一面も否定できないのです。

（2）さまざまな動機の相乗効果

　福祉の仕事に従事する職員の多くは，利用者の成長や変化が見られる，利用者の生活に改善が見られる，利用者から感謝される，利用者から頼られるといった人の役に立ちたいという想いが，仕事の動機づけになっていることでしょう。そして，利用者の役に立とうと努力し，その結果，喜んでもらえた，利用者の変化成長が見られた，利用者の生活に改善が見られたことが，自分自身の励みや喜びになり，仕事の意義を感じることとなり，さらなる仕事の動機づけになっていることも多いと思います。つまり，人の役に立ちたい，他者の期待に応えたいという想いの結果，自分自身のためにもなるのです。

　一方，自分の資格や専門性を活かしたい，自分の能力を高めたいといった動機によって仕事に取り組むことが，結果的に利用者に変化や成長が見られたり，利用者の生活の改善につながったり，利用者から感謝されたりといったこともあるでしょう。これは，自分自身の成長や喜びのために行ったことが，結果的に人の役に立ち，他者の期待に応えることにもなるのです。このように動機づけには，さまざまな要因が複雑に絡み合っているともいえるでしょう（鹿毛編2017：122，図表 8 - 4 ）。

　福祉の仕事は，日々のルーティンで完結するものではありません。その時々の状況に応じ，気づき，考え，判断し，行動しなければなりません。そのためには，クリエイティブな発想が不可欠です。OJT 担当者は，職員の自律性を促すかかわり，すなわち「職員に仕事をさせる」のではなく，「職員自ら仕事をする方向へと導いたりサポートしたりする」役割を担っているのです。

図表8-4　さまざまな動機の相乗効果

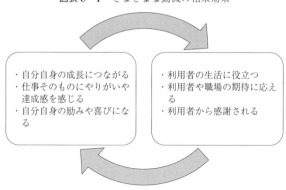

・自分自身の成長につながる
・仕事そのものにやりがいや
　達成感を感じる
・自分自身の励みや喜びにな
　る

・利用者の生活に役立つ
・利用者や職場の期待に応え
　る
・利用者から感謝される

（3）内在化の基盤となる欲求

1）3つの基本的欲求

　人間が本来有している能動的な側面を引き出し，発揮できるよう，職員に対して内在化を促進し，より自律的な動機づけに近い状態へと高めていくにはどうすればよいのでしょうか。心理学の観点から，人間には3つの基本的欲求があり，この欲求が満たされると内発的に動機づけられ，生産的になり，心理的な適応が促進されるとされています（外山 2015：74）。3つの基本的欲求とは，有能さへの欲求，自律性の欲求，関係性の欲求です（図表8-5）。この3つの基本的欲求を満たすようなサポートを行うことが重要とされているのです。

2）有能さへの欲求

　有能感とは，コンピテンスともいわれています。「自分は〇〇ができる」「自分は〇〇が得意である」といった何かに対する自信のことをいいます。有能感は，モチベーションに大きく関係しているといわれています（外山 2015：86）。有能感を覚えることで，次なる行動に向かってモチベーションを持ち続けることができるともいわれています（外山 2015：88）。有能感は，身近な他者との比較によって高くなったり低くなったりするといわれています（鹿毛編 2017：226）。その人にとってどの程度近い存在か，その人にとってどれほど重要度（関心度）が高いか，比較する相手がどのレベルのことを成しえているか，とい

図表 8 - 5　　3 つの基本的欲求

有能さへの欲求	自分が生来有する能力を発揮したいという欲求
自律性の欲求	自分の意思で自律的に自分の行動を選択したいという欲求
関係性の欲求	人々と関係を持ちたいという欲求

出所：外山（2015：73-74）を基に筆者作成。

ったことが有能感に大きく影響するそうです（外山 2015：121-123）。職場の同僚に有能な職員が複数おり，業務の遂行水準が自分より高い人が多いと，自分は有能だと思っていたがこの集団内では低い水準にあると思い，有能感は下がる（否定的な有能感）といわれています。

　職員の能力や経験値，あるいは仕事に対する自信の度合いは千差万別です。過度な期待はプレッシャーとなり，失敗を繰り返すと有能感が下がるといわれているので要注意です。このような場合は，他の職員と比較してどの位置にいるという相対評価ではなく，当該職員自身がどう成長したかといった絶対評価を行うことが重要となります（外山 2015：102）。

　一方，有能な先輩や上司のいる職場に就職し（配属され），このような職場の一員になれた，ということで有能感が高まることもあります。また，自ら「あの人のようになりたい」と思い努力することで，モチベーションは向上するといわれています。

3）自律性の欲求

　自律性については，すでに紹介したように，自分で選択できる，決めることができることで，より主体的となり，クリエイティブな発想が生まれてくるのです。先輩や上司からの指示通りに動くといったことではなく，ある程度の裁量権や主体性が尊重されているといったことが必要となります。

4）関係性の欲求

　関係性の欲求とは，周囲の社会と結びついているといった安心を感じたいという欲求，愛情や尊敬を受けるに値する存在であることを経験したいという欲求のことです。関係性の欲求では，先輩や上司，同僚に見守られている，チームの一員として存在感がある，役割を与えられている，信頼されている，任さ

れている，頼りにされている，仕事ぶりを評価されているといったことが挙げられるでしょう。

（4）誉めるということ

　近年，職員を誉めて育てる，ということに注目が集まっています。誰しも誉められて嫌な気はしないでしょう。職員からすると，誉められたり，感謝・お礼やねぎらいのことばをかけられたりすることは，先輩や上司からの承認と受け取ります。「自分の仕事ぶりを見てくれている」「自分の仕事ぶりを分かってくれている」「評価してもらっている」といった安心感や先輩や上司への信頼感にもつながります。また，業務に対する自信につながっていったり，自尊心が高まったり，有能感が高まったりもします。つまり内在化が進んでいくのです。

　しかし，期待されたり誉められたりすると，以下のような逆効果が生じる可能性もある点に留意しなければなりません。

　　①　過度なプレッシャーをかけられると，成績が逆に低下する。
　　②　誉められることによって，引き続き上手くやらなければならないというプレッシャーや不安が高まり，返ってモチベーションが低下したり成果が低下したりする。
　　③　失敗する危険を冒さないために難しい課題を避けるようになる。
　　④　ひとたび失敗すると努力が足りなかったと思うのではなく自分の能力のせいだと思う傾向が強まり，再チャレンジしなくなる。
　　⑤　一度報酬が与えられると，次も報酬がもらえるのではないかといった見返りを期待するようになる。

　仕事の成果として誉めることには，効果があるといわれています。見返りを期待していない状態で，思いがけない結果として報酬を得ることができると，意欲は低下しないといわれています。成果としての報酬は効果があるというこ

とは，いくつかの心理学の実験でも証明されています。そう考えると，「頑張ったから」「努力したから」「一定の成果が見られたから」，その成果として昇進する・昇格する，給料が上がる，ボーナスがアップされる，誉められる，感謝されるということは，モチベーションを維持する上で重要だというのです。

　そこで，「誉められるために」ではなく，職員がやりがいや達成感を感じることができ，自分自身の成長につながると実感できるような誉め方の工夫が必要です。「仕事を上手くやり遂げることができた」「努力すればできるんだ」「利用者の生活に改善が見られた」など，内在化を促進する誉め方を心がけましょう。効果的な誉め方については，第6章を参照して下さい。

　先程説明したように，「上司の○○さんに誉められたいから」という想いで仕事をしていたとしても，そのうち仕事の楽しさに気づき，「もっといろいろなことを知りたいから」といった仕事を通して自身の能力を高めることを目標とすることに移行していくことに意味があるのです（外山 2015：187）。

4　職員のモチベーションアップに向けて

（1）目標の設定

　目標を設定することが，モチベーションを高めるために重要だといわれています。目標は，行動を方向づけ，努力を増加させ，行動を継続させるためのモチベーションにつながり，成果を高めると考えられているのです（外山 2015：168-169）。目標は，目指すべき方向性を明確にし，目標を達成するのに何をすべきかが明らかとなります。そして，目標が達成された時，達成感や喜びを感じ，さらなる目標達成に向けて動き出すことになります。目標を設定することに意味があるのではなく，自ら目標設定し，達成することによって自信や有能感が高まりモチベーションの向上につながるのです（外山 2015：169）。

　他人に課せられた目標設定は，目標を達成することが目的となり，手段を選ばないことも起こりうるのです。よって，倫理に反する行動を助長することもあるともいわれています（ピンク 2018：82）。効果的な目標を設定するには，図

図表8-6　モチベーションの維持・向上のための効果的な目標設定

具体的な目標設定	あいまいな目標，抽象的な表現ではなく，具体的な数字や期限を明確に示しましょう。
挑戦的な目標設定	自分の能力に合ったレベルで挑戦できる目標，やや困難であっても努力すれば達成できそうな目標を設定しましょう。達成できた時の喜びや満足感，さらには有能感が高まります。一方，高度すぎる目標は，不安を感じるし，何よりも目標を達成できないかもしれません。そうすると挑戦しなくなります。また安易すぎる目標は，退屈し，達成感が得られないのです。
自我（自分が）関与できる目標設定	他人が決めた目標よりも，自分が設定した目標の方が，パフォーマンス（遂行）は高まるのです。
遂行目標ではなく熟達目標を設定	他者との比較を前提とした目標（○○さんよりも高い成果を上げよう）よりも，自分の能力を拡大する目標（○○ができるようになる）の方が，自分自身をコントロールできるのです。失敗しても，やるべきことを明確にできるため，努力の継続が可能となるのです。
長期目標とそれに至る短期目標を設定	より遠くの長期目標を設定し，その目標を設定するために必要な短期目標を設定し，段階的に設定することが重要です。長期目標だけだと中だるみをしてしまい，目標達成から遠ざかってしまう恐れがあります。

出所：外山（2015：168-178）を基に筆者作成。

表8-6を参考にして下さい。

（2）遂行目標と熟達目標

1）遂行目標

目標には，遂行目標と熟達目標があるといわれています（外山 2015：175-176）。遂行目標とは，他者と比較して，良い成績をとる，相手チームに勝つ，といったものです。この目標設定は，他者との比較のなかで自分がどの位置にあるかに関心が向けられます。これは，いくら自分が努力しても，相手がそれ以上の成績を収めれば，目標を達成できなくなります。

遂行目標志向の高い人は，能力に自信があり，自分の能力が誇示できると考える場合は，積極的に課題に取り組むのですが，能力に自信がない場合は，課題への取り組みを避けて能力の低さを隠そうとする傾向があるといわれています。成績の悪さや失敗を能力不足にしてしまいがちで，ネガティブな感情が生じやすく，新たな課題や困難な課題を避ける傾向があるそうです。

遂行目標を設定する場合でも，悪い成績を取りたくない，負けたくない，といった遂行回避目標は，モチベーションの低下につながりやすく，良い成績を取りたい，相手チームに勝ちたいという遂行接近目標をもって取り組むことは，モチベーションの向上につながりやすいそうです。つまり，他者と比べて「どれくらいできないか」ではなく，「どれくらいできるか」に目を向けさせるとモチベーションは高まるそうです（外山 2015：186）。

また，最初は「良い成績を取りたい」「○○さんに勝ちたい」と思っていたとしても，その内にそのことの楽しさに気づき，「もっと知りたい」といった他者との比較ではなく，自身の能力やスキルアップの向上に目標が変わってくることもあるのです（外山 2015：187）。

2）熟達目標

熟達目標とは，「○○ができるようになる」といった具体的な行動やスキルの向上を目標とするものです。これは，他者との比較にかかわらず，自分が進歩したか，スキルが獲得できたか，といったように，自分の能力が拡大したのかどうかに焦点が合わせられます。自分でコントロールできるという性質のものです。自分自身が努力し進歩したことそれ自体が有能感を高めることになり，仮に失敗しても自分でやるべきことが明確であるため，モチベーションが低下することなく，目標達成に向けた努力の継続を期待できるのだそうです（外山 2015：176）。

職員の目標達成を促すために，OJT 担当者は結果だけを評価するのではなく個人の変化を認めること，能力ではなく努力の重要性を強調することを心がけましょう（鹿毛編 2017：205）。

3）熟達目標の効果

目標の熟達志向の強い集団のリーダーは，課題への挑戦を奨励し，失敗を肯定的に捉えるそうです。動機づけを支え，促すような言葉かけや行動を多くとるそうです。

メンバーもできないことを言い訳することはあまりなく，必要な援助を他者に求める援助要請が高いという促進的な傾向がみられるそうです（鹿毛編

2017：209-210）。日常的・継続的な場面で言葉かけや行動の蓄積がメンバーに
影響を与え，目標形成に大きな意味を持つと考えられています。

　遂行目標，熟達目標，共に特徴があります。職員一人ひとり個人差があります。職員の状況，職場の状況に応じて，これらの特徴を上手く活用していけば
効果が上がるのではないでしょうか。

（3）役割（貢献）

　職員が職場の中で，どのような役割を担っているのか，どのように貢献しているのかを認識することが重要です。職員が自分自身の役割・貢献を考えながら仕事に従事することで，仕事に対する成果が見られ，意義を実感でき，やりがいにつながっていくといわれています（マクゴニカル 2015：231-240）。

　職員一人ひとりの持ち味を活かした役割を見出し，職場に貢献できていると感じ取ることが重要となります。リーダーシップを発揮できるタイプ，縁の下の力持ちとして貢献できるタイプ，職場の潤滑油として雰囲気を和ますタイプ，少し離れた所から物事を俯瞰して見ることのできるタイプなど，さまざまな役割や貢献の仕方があるのではないでしょうか（図表8-7）。

（4）自己効力感（セルフ・エフィカシー）

　失敗体験を繰り返していくと，やがて，取り組めばできること，努力すればできることでも，あきらめてしまって，取り組まなくなったり，努力しなくなったりします。これを心理学で学習性無力感といいます。何かにつけて，「私には無理です」といった発言をする職員はいないでしょうか。

　学習性無力感に対して，その人の能力への確信の程度，信頼度，つまり，ある事柄について「上手く行えそうだ」という予測の程度のことを自己効力感（セルフ・エフィカシー）といいます（鹿毛編 2017：253-255）。自己効力感が高いと，困難な状況や難問を乗り越えるべき試練，挑戦すべきものとして捉えるようになり，自分の取り組んでいる事柄に深く興味や関心を抱き，長時間であっても「たゆまぬ努力」を続けるそうです（鹿毛編 2017：254）。

図表 8 - 7　職員一人ひとりの果たしている役割・貢献の認識

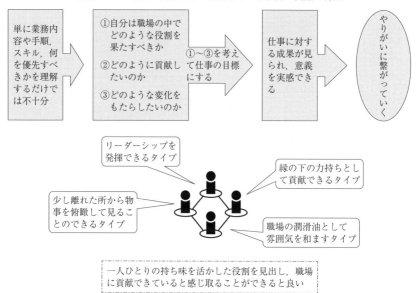

一方，自己効力感が低いと，困難な課題は避けようとし，自分には難しい課題は無理だと信じ込んでしまいます。そして，自分の欠点や失敗したことばかりに注意を向け，自分の能力や素質に対する自信をすぐに失って傷つくといったことが多く，自分の置かれた状況を変化できると思っていないといわれています（鹿毛編 2017：254-255）。

このように，同じような能力の人であったり，同じような難易度の課題であっても，自信があるかどうかで，能力を活かせなかったり，逆に驚くほどの能力を発揮したりするのです。この自己効力感が行動を引き起こす大きな要因となるので，自己効力感を高めることが重要となるのです。

（5）2つのタイプの期待——効力期待と結果期待

行動の起こりやすさは，「上手く行えそうだ」という予測の程度に加え，その行動のもたらす成果も重要だといわれています。効力期待と結果期待といっ

図表8-8　自己効力感を高める4つの要因

要　　因	内　　容
直接の達成体験	自分で決めた行動を達成し，成功した経験のことで，「次もまたできるだろう」という見通しを強化します。
代理経験	自分以外の他者が何かを達成したり成功したりする様子を観察することで，「これなら自分にもできる」という信念のことで，モデルとなる他者が自分と類似性が高いほど効果が大きいとされています。
社会的説得	他者から自分に能力があることや達成の可能性があると言語で繰り返し説得されることで，説得する人の権威性や信憑性が大きく影響するといわれています。単独で使用するよりも，達成体験や代理体験に付加して用いると効果的であるとされています。
生理的・情緒的な喚起	肯定的な気分を保つことです。

出所：鹿毛編（2017：264-268）を基に筆者作成。

た2つのタイプの期待が必要だというのです（鹿毛編 2017：258）。

効力期待とは，自己効力感のことであり，自分はその行動を上手くやり遂げることができるだろうという確信のことです。結果期待とは，このような行動をとればこのような結果が得られるだろうというその人の想いであり，予想です。

このことから，第3章でも説明したように，仕事に対する意義やその仕事のもたらす効果を理解し，それをやり遂げることができるという信念が重要といえます。結果期待，効力期待が共に高いと，人は，積極的に行動したり，自信に満ちた適切な行動をとったりすることができるといわれています（鹿毛編 2017：262）。自己効力感に大切なのは，どのような素質や能力があるかではなく，それをいかに活用するか，なのです（鹿毛編 2017：260）。

（6）自己効力感の高揚

では，どのようにして自己効力感を高めていけばよいのでしょうか。バンデュラ，A.は，図表に示した4つの要因を挙げていますので，参考にして下さい（図表8-8）。

とりわけ，直接の達成体験，すなわち成功体験が自己効力感を高めるには効

図表8-9　「できる」感を育てること

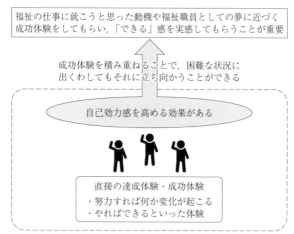

福祉の仕事に就こうと思った動機や福祉職員としての夢に近づく
成功体験をしてもらい，「できる」感を実感してもらうことが重要

成功体験を積み重ねることで，困難な状況に
出くわしてもそれに立ち向かうことができる

自己効力感を高める効果がある

直接の達成体験・成功体験
・努力すれば何か変化が起こる
・やればできるといった体験

果があるといわれています。職員の「できる」感を育てることだともいわれています（モチベーション・マネジメント協会編 2015：27-33，図表8-9）。努力すれば何か変化が起こる，やればできるといった体験を積むことで，困難な状況に出くわしてもそれに立ち向かうことができるようになっていくのです。

　内発的動機づけや外発的動機づけであっても，自律性の高い動機づけが好ましいという観点から考えると，仕事そのものの意義や面白さを実感してもらうことが基本となります。そこで，職員の福祉の仕事に就こうと思った動機（人の役に立ちたい，専門性を活かせる，自分自身の成長につながると思うからなど）や福祉職員としての夢に近づく成功体験を踏まえて，「できる」感を実感してもらうことが重要となってきます。特に初任者に対しては，次の事例のように，利用者支援・ケアの成功体験はモチベーションアップに効果を発揮するといえるでしょう。

事例19　成功体験を通して仕事の意義や醍醐味を感じてもらえた事例

　岡林さん（男性，23歳）は，この春，障害者支援施設に就職した新任職員です。OJT 担当者となった小林さん（男性，29歳）は，主任に自分が担当している利用者の藤井さん（男性，26歳）を岡林さんの担当にしてほしいとお願いし，担当を変更してもらいました。利用者の藤井さんは，いくつか解決しないといけない課題はあるのですが，成長過程にあります。OJT 担当者の小林さんは，藤井さんにも岡林さんが担当になったこと，しかし，これまで通り自分も一緒に支援していくことを伝えました。また，藤井さんの支援について岡林さんと何度も話し合いの機会を持ちながら一緒に取り組んでいます。

　OJT 担当者の小林さんが岡林さんに「あなたの持ち味は何ですか」と尋ねると，岡林さんは「明るく笑顔で利用者と接することです」と答えました。OJT 担当者の小林さんは岡林さんに藤井さんとの時間を大切にし，持ち前の明るさを発揮しながら関わるように促しました。また，岡林さんの考えを引き出し，岡林さんの想いを尊重しました。岡林さんは，藤井さんとのコミュニケーションの時間を大切にし，信頼関係の形成に努めました。その甲斐があって，支援が上手くいきました。藤井さんも大変嬉しそうです。その様子を見ている岡林さんは，藤井さんの役に立てたことが何よりもの喜びとなりました。このことが岡林さんの自信につながり，仕事の意義や醍醐味を感じるようになりました。

　本事例は，これまで OJT 担当者である小林さんが担当していた利用者の担当を新任職員の岡林さんに任せ，支援の成功体験をしてもらった事例です。担当となった岡林さんの意向を尊重しながら，必要に応じて的確な指導を行っています。また，岡林さんに「あなたの持ち味は何ですか？」を聞いています。岡林さんのストレングスを自覚してもらい，上手く発揮できるような育成を心がけています。

　そして，利用者支援が上手くいったことで，岡林さんは，仕事のやりがいを実感できたことでしょう。このように，意図的に成功する可能性の高い業務の担当を依頼し担ってもらうことで，職員の仕事への成功体験とやりがいを実感してもらったのです。

5　職員の意欲・やる気を喚起するかかわり

（1）モチベーションアップの機会

本章で説明してきたモチベーションアップに向けた要因を整理すると，以下のようになります。

① 　内発的動機づけ

② 　外発的動機づけの自律性を高めること

③ 　仕事の意義，目的の理解

④ 　仕事の意味づけの自覚

⑤ 　目標の設定（遂行目標と熟達目標）

⑥ 　自己効力感

⑦ 　成功体験

⑧ 　評価（誉める，感謝・ねぎらい，自律性につながる誉め方）

　職員の意欲・やる気を喚起する要因を整理すると，仕事そのものが面白い，興味がある，自らの喜びと思える，自ら色々なことを決めることができる，到達点に向けての現実的な目標を設定する，といったことになります。

　OJT 担当者である皆さんは，職員が以下のような言動をした時に，意欲・やる気を感じるのではないでしょうか。皆さんは，職員が意欲・やる気をもって仕事に取り組もうとしているのを見かけたり感じたりしたら，それを見逃さないで，さらに発揮できるようサポートしていきましょう。

① 　**個別の職員について**

・仕事を覚えようという工夫が見られるとき。

・自ら前向きなアイデアを出しているとき。

・仕事の改善に取り組んでいるとき。

・いろいろな役を買って出るとき。

・前向きな発言が多く見られるとき。

・主体的に仕事を遂行しているとき。

・仕事そのものに興味をもって取り組んでいるとき。

・何か新しいことや高度なことに挑戦しようとしているとき。

・計画的に仕事の段取りを考えて取り組んでいるとき。

・大変な仕事に直面したり困難に陥ったりしたときでも，立ち向かって進んでいるとき。

・仕事に対して真剣に悩んでいるとき。

・仕事について積極的に質問してきたとき。

・他の職員との関係を適切に保とうとしているとき。

・他の職員との調整ができているとき。

・他の職員とのコミュニケーションが適切にとれているとき。

・他の職員の仕事を積極的に手伝おうとしているとき。

・利用者と丁寧に向き合っているとき。

・丁寧に利用者と接しているとき。

・利用者の個別支援・ケアに取り組んでいるとき。

・利用者主体や利用者本位の支援を心掛けて取り組んでいるとき。

・生き生きとした表情をしているときや笑顔で明るく振る舞っているとき。

・スキルアップに向けて資格取得を目指したり勉強したりしているとき。

②　職場・部署内について

・利用者支援や仕事についてスタッフ同士熱心に話し合いをしているとき。

・何かに取り組んでいるとき職員が同じ目標に向かっているとき。

・職員同士の相互援助が確実にできているとき。

（2）職員の意欲・やる気を喚起するかかわり

　前述のモチベーションアップに向けた要因を踏まえ，具体的に福祉職場で職員の意欲・やる気を引き出したり，高めたり，持続させたりするかかわりを以

下に紹介します。

① 一人ひとりの利用者を大切にした支援・ケアに向けての取り組み姿勢の見られる職場の土壌・風土がある。

② 職員のストレングスを見出し，発揮できる仕事の割り振りを行う（職員が能力を発揮できるようにする，職員の有する能力を評価し先輩や上司から相談を持ちかける，職員の持ち味や適性を発揮できるようにする，職員が職場でどのような役割を果たしているのか〔貢献しているのか〕を認識できるようにする）。

③ 新規事業，プロジェクト，行事などの役割を与える，期待する。

④ 当該職員にその仕事を依頼する理由と期待することを説明する。

⑤ 職員を信頼する（信頼してもらっているという安心感，信頼感）。

⑥ 職員の希望や欲求，想いを聴き，受け止める。

⑦ 一段高い，難しい仕事あるいは価値ある仕事など責任ある業務に挑戦させ，仕事の達成感，意識の高揚や責任感の醸成に努めさせる（努力すれば達成できる目標の設定）。

⑧ 仕事の目標や計画の作成に際しては，職員も参加し，職員の意見を取り入れ，自分で決めることができるという責任感や自律性を持たせる。

⑨ 仕事の目標や計画は，具体的でイメージしやすいものとする。

⑩ 与えた業務に関する権限委譲をできるだけ行う（なお，ミスやトラブルが生じても責任は上司がとる）。

⑪ 職員の自由な発想を尊重し，少々の失敗を恐れない。

⑫ 結果だけを評価するのではなく個人の変化を認める。

⑬ 能力ではなく努力の重要性を強調する。

⑭ 依頼した業務は最後まで任せる（依頼し続けることが当該職員を潰してしまう場合を除く）。

⑮ 職員自身が考え，気づくかかわりを行う。

⑯ 取り組んでいる業務の進め方を支持したり，励ましたりする。

⑰　行事や日中プログラムなどの業務に関する成功体験をしてもらう。

⑱　利用者の変化，成長，生活の改善といった成功体験してもらう。

⑲　利用者からの感謝，笑顔がもらえるような体験をしてもらう。

⑳　業務に対する上司や先輩からの評価・感謝やねぎらいのことば，成長の度合いを伝える。

㉑　当該職員の内発的動機づけや外発的動機づけの内在化につながる誉め方を心がける。

㉒　職員が失敗した時や困難に陥った時には，放置しないで見守ったりフォローしたりする，あるいは自らの振り返りを促す。

㉓　チームの一員としての自覚をもってもらう（チームの一員として認められている，存在意義を感じられる，困難な時でも共に取り組んでくれる仲間や上司がいる）。

㉔　OJT担当者自身が仕事に対して希望と熱意をもって意欲的に取り組み，明るく元気に振る舞い，模範となる。

㉕　結果としての昇任・昇格，給与のアップがある。

Check Point !

▷　職員の意欲・やる気を喚起することで職員は飛躍的に成長します。

▷　職員自ら，仕事そのものが楽しい，面白いと思える，何かをやろうという想いを抱くこと，すなわち仕事そのものの意義を感じてもらえるよう，かかわりましょう。

▷　職員に効果的な目標設定を促し達成感を実感してもらいましょう。

▷　取り組めば一定の効果がある，やればできる，という業務に対する自信を持ってもらい，能力や素質を発揮してもらいましょう。

▷　職員の成功体験を通して，モチベーションの喚起につなげましょう。

▷　OJT担当者が仕事に対して意欲・やる気を抱いていることが，何よりも重要なのです。

<table>
<tr><td>第9章</td><td>職務態度に問題のある職員・自信を
持てない職員へのOJT
――全人的理解とストレングスへの着目</td></tr>
</table>

―― 本章のねらい ――

　第9章では，職務態度に問題のある職員，自信を持てない職員に対してどのような育成を実施すればよいのかについて説明します。皆さんの職場には，どのような職員がいるでしょうか。真面目にコツコツと仕事している職員，将来有望視されている職員，主体的な取り組みのできる職員がいる一方で，消極的な態度の職員，職務態度に問題のある職員，自信の持てない職員など様々でしょう。必ずしもすべての職員が前向きな姿勢で，業務に取り組んでいるわけではありません。職務態度に問題のある職員，自信を持てない職員も，皆さんの職場の一員であり人財です。そして，育成していかなければなりません。

　職務態度に問題のある職員，自信を持てない職員であるからこそ，当該職員の想いや置かれている状況を理解した上で，より一層の信頼関係が重要となります。そして，ストレングス視点，寄り添うことが育成の中核となります。

1　職員との信頼関係

（1）職員の想いや置かれている状況の理解

　職務態度に問題のある職員，自信を持てない職員の育成にあたっては，「もっと前向きに仕事に取り組むべきだ」「チームワークを大切にしてほしい」「しっかりやってほしい」といったあるべき姿を押し付けるのではなく，当該職員の想いや置かれている状況を理解するよう心がけましょう。職務態度に問題のある職員，自信を持てない職員も，その人なりの悩みや辛さを抱えています。そのことが職務上の問題となって表面化していることも多々あります。そのため，当該職員の要望，困っていることや悩んでいること，業務に関することや心身の状況などを理解した上でのかかわりが重要となります。

　そして，場合によっては，プライベートな面も含めて理解することが必要となります。「仕事とプライベートは別だ」という考えがありますが，プライベートが原因で仕事に支障をきたしているとするなら，プライベートに対して相談・配慮，時には具体的な介入が必要となるかもしれません。

（2）信頼関係を土台とした職員育成

　当該職員の想いや状況を理解するために，職員との関係づくりが基本となります。職務態度に問題がある，自信を持てないからといって，敵対するような関係になったり，仕事のできない職員というレッテルを貼ったりすることは好ましくありません。職員との信頼関係があってこそのOJTなのです。OJT担当者は，当該職員を否定的に捉えるのではなく，「職員の味方」という姿勢でかかわっていきましょう。それは，慣れ合いの関係ではなく，メリハリのある関係です。職員に「OJT担当者である○○さんがいれば大丈夫，この人に相談してみよう」といった安心感を与える関係です。

　当該職員の人となりを理解するためにも，また信頼関係を形成するためにも日頃から当該職員とコミュニケーションを適切にとりましょう。このコミュニケーションは，言語コミュニケーションに限定されるものではなく，非言語コミュニケーションも含めたものです。さらには，OJT担当者から職員に向けられた一方向のコミュニケーションではなく，OJT担当者と職員との双方向のコミュニケーションが重要となります（図表9-1）。

　そこで，職員が報告，連絡，相談しやすい雰囲気を整えておきましょう。OJT担当者に余裕がないと，職員の話を聴くことができません。皆さんは，OJT担当者としてどのような雰囲気づくりを行っているでしょうか。仕事が忙しいのを理由にして，「話しかけてほしくない雰囲気」を醸し出していませんか。

　また職員と接する時はぞんざいな対応をしないで，育成係として職員に親身に接していきましょう。笑顔で接する，温かい態度で接するといったことを心がけましょう。

図表 9 - 1 双方向のコミュニケーションによる信頼関係の形成

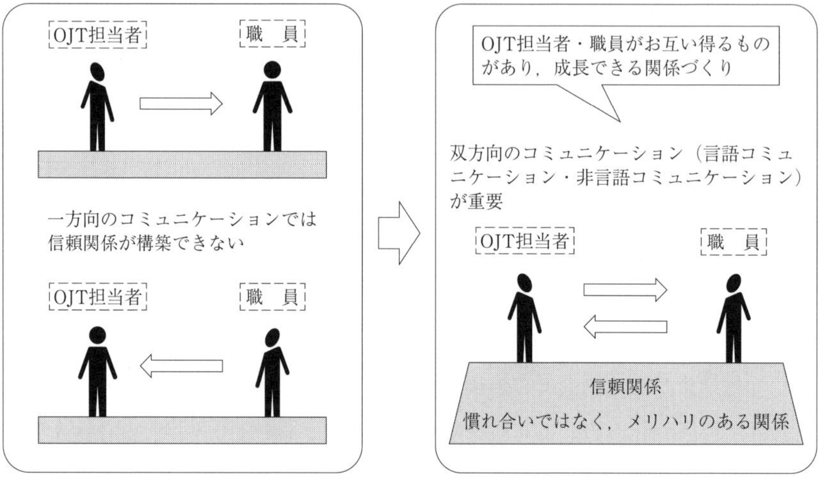

2 職員のストレングス

（1）職員のストレングスへの着目

　職員の有する能力や可能性，持ち味や良さといったプラスの側面にも目を向けて，それらを見出し，引き伸ばしていきましょう。職員のストレングス（強み）に着目していくのです。できているところは，さらに伸ばしていきましょう。できていないところは，当該職員の力量に応じてできるように育成していきましょう。職員のできていないところ，不十分なところなどマイナスの側面しか見ないのはよくありません。できているところ，頑張っているところも見ていきましょう。職員を肯定的な存在として捉えるのです。

　職員のできていない，不十分な部分を克服することを前提にスタートするのではなく，有する強みをさらに伸ばしていく方が，前向きに取り組むことができるのです。職員のストレングスに着目したかかわりこそが，職員との信頼関係形成にもつながっていくのです。そして，その強みを発揮し活かせる機会をつくり，自信を持ってもらえるようにしましょう。

図表9-2 職員のストレングスへの着目

人は「強み」と「弱さ」を併せ持っており，バランスよく保っていることが大切

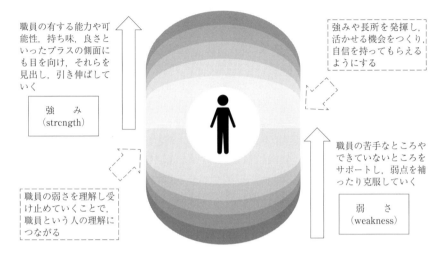

職員の有する能力や可能性，持ち味，良さといったプラスの側面にも目を向け，それらを見出し，引き伸ばしていく

強　み
（strength）

強みや長所を発揮し，活かせる機会をつくり，自信を持ってもらえるようにする

職員の弱さを理解し受け止めていくことで，職員という人の理解につながる

職員の苦手なところやできていないところをサポートし，弱点を補ったり克服していく

弱　さ
（weakness）

　一方で，当該職員の「弱さ」も受け止めましょう。人は，強さと弱さを併せ持つ存在ではないでしょうか。これらのバランスを上手く保っていることが大切です。よって，職員の弱さを理解し，受け止めていくことができて初めて，職員という人の理解につながっていくともいえるでしょう（図表9-2）。

　次に紹介する勤務態度に問題のある職員の事例を通して，OJT担当者は，どのような姿勢で職員育成に携わっていけばよいのかを考えてみましょう。

事例20　業務態度が理由で異動を繰り返す職員のストレングスを見出した事例

　堂本さん（女性，24歳）は，一般企業で働いた後，複数の高齢者施設を運営する社会福祉法人に介護職として勤めました。入職当初から仕事に対して消極的な態度であり，勤務中にもかかわらず暇を見つけては更衣室でスマートフォンを触ったり，職員の配置が厳しいと分かっている日に平気で休んだりします。休んだ翌日も何事もなかったかのように出勤してきます。他の職員との会話もほとんどなく，ミスをして先輩や上司から注意されると不貞腐れるといった状態です。当然，利用者からも苦情が出ています。

　主任とも面談をするのですが，一向に改まる様子がありません。少し環境を変え

た方が良いのではないかとの経営者の判断で，別の高齢者施設に異動しました。し
かし，異動先でも同じことの繰り返しです。法人内でも有名になってしまいました。
どこの施設も堂本さんを嫌がります。堂本さん自身も，そのことを感じているよう
です。しかし，決して辞めるとは言わないのです。

　いくつかの施設を異動した後，宮川主任（女性，52歳）が現場を束ねる施設へ配
属されました。異動の時点で，現場の職員から「自分の部署には来てほしくない」
との訴えがありました。しかし，どこかの部署には配属しなければならないので，
一番問題が少ないと思われる部署に配属しました。堂本さんも疎外感を抱きながら
も，以前と同じような勤務態度をとり続けています。

　当然，現場の職員から宮川主任に，堂本さんを何とかしてほしいという強い訴え
がありました。そこで，宮川主任は，堂本さんと面談を行いました。この時，堂本
さんは，「また勤務態度の注意ですか。それともまた異動ですか。今度はどこです
か」と不貞腐れた態度で面談に臨んだのです。

　これに対して宮川主任は，「何を言っているの。あなたには素晴らしい面が一杯
あるのよ。○○について，あなたはとても良い素質があると思うの。なぜ，もっと
その良さを発揮しようとしないの。あなたは必要な存在なのよ」と伝えました。

　すると堂本さんは急に泣き出したのです。「以前の職場でも，この法人に就職し
てからも，自分はダメな人間だと言われ続け，全く認めてもらえていなかった。最
初は自分なりに頑張っているのになぜ認めてもらえないのかと思ったこともあった
が，やがて，いくら頑張っても認めてもらえないならダメなままでいいや，と思う
ようになった。宮川主任のように自分の良さを見てくれる人はいなかった」と言う
のです。

　堂本さんは，これまで周囲の人からマイナスの評価しかされず，自暴自棄に
なっていたのではないでしょうか。あるいは，そのような自分を作り上げてし
まったのかもしれません。いくら頑張ろうとしても，周囲からは正当に評価さ
れないという思い込みもあり，悪い自分しか表現してこなかったのかもしれま
せん。こうなると，ますます周囲との関係が悪化し，孤立してしまい，職場に
馴染むことはありません。

　職場の先輩方は，堂本さんの噂や断片的なかかわりの中で，堂本さんは真面
目ではない，勤務態度がなっていない，と思ったのでしょう。注意したら不貞

腐れる，他の職員と交流を持とうとしない，このような人と一緒に働くのは嫌だといった想いを抱いたことでしょう。

　しかし，宮川主任は堂本さんのストレングスに着目し，そのことを的確にフィードバックしたのです。想定外の面談になったので，堂本さんは思わず泣き出してしまったのでしょう。宮川主任は，堂本さんの勤務態度や仕事ぶりで不適切なことが多々あるものの，ストレングスも見逃さなかったのです。むしろストレングスを十分活かせていないことに，もどかしさを感じていたのかもしれません。そこで，そのことを堂本さんに伝えたのです。

　宮川主任のことばを聞いたその時点から，堂本さんの勤務態度が劇的に変化するとは思えません。しかし，堂本さんの心に響いたことは間違いありません。今後の勤務態度の改善に期待が寄せられます。さらにいえば，同じ部署の職員が，相変わらず堂本さんに否定的な態度をとっていたなら，気持ちを新たにした堂本さんのやる気を損なわせてしまいます。他の職員も，堂本さんを職場の一員として受け入れて共に育成するという姿勢が不可欠です。今後，宮川主任は，他の職員に堂本さんへのかかわりについての協力要請を，上手く行うことができるかどうかがポイントとなってきます。

（2）リフレーミングによるストレングス視点
1）リフレーミングとは何か

　人が人を評価するのには，一律の評価指標がある訳ではありません。ある事柄をどこから見るのか，どう見るのかによって評価は変わってきます。また，意外な一面を垣間見ることによって，これまで見えていなかったことが見えてくることもあります。固定観念で見てしまうのではなく，見方の枠組みを変えてみることも必要です。

　これを「リフレーミング」といいます。マイナスに評価していたことも，見方を変えてプラスの表現に言い換えるとどうなるでしょうか。「自己主張が強い」「自分勝手」といえば，マイナスの評価です。これをリフレーミングすると，「自分の意見をしっかり持っている」「意見を主張できる」となります。同

じ事柄を指しているのですが，随分と受け止める印象が異なってきます。この
リフレーミングは，意識しなければできないことです。ぜひ，意識してみまし
ょう。

2）素直に表現される非言語コミュニケーション

　ある職員がミスをしたとしましょう。最初は，「あの人はミスをするんだ」
と思うでしょう。何度かミスを重ねると，「あの人はミスをする人なんだ」と
レッテルを貼ってしまいます。こうなると否定的な固定観念ができてしまいま
す。この否定的な想いは当該職員に対する態度，表情，しぐさといった非言語
コミュニケーションを通して発信されるため，当該職員に伝わってしまいます。

　話し言葉や書き言葉といった言語コミュニケーションは，ある程度コントロ
ールしながら発信できるといわれています。気持ちとは裏腹に，「あなたはよ
く頑張っていますよ」「あなたに期待しています」と表現することなどが挙げ
られます。しかし，人の気持ちや感情は，非言語コミュニケーションを通して
素直に表現されるといわれています（深田 1998：66；坂口 1991：10）。「頑張り
が足りない」「とても期待できる状態ではない」「仕事を任せられない」といっ
た想いが，相手に対する態度，表情，しぐさ，声の抑揚やトーンといった言い
方などを通して発信されてしまうのです。その非言語コミュニケーションを受
け取る当該職員も，発信する側の想いを受け取るのです。つまり否定的な想い
を抱いていると，その想いは非言語コミュニケーションを通して当該職員に伝
わってしまうのです。

　事例20は，この典型ではないでしょうか。法人内で噂になっているとすれば，
直接堂本さんと接することなく，また断片的なかかわりであっても，多くの職
員が否定的な想いを固定観念として抱いてしまうのです。そして堂本さんは，
先輩方の自分に対する否定的な想いを感じ取っているのです。

3）固定観念の排除

　一方で，あることをきっかけに意外な一面を垣間見ることによって，これま
での固定観念が崩れることがあります。「あの人は自己中心的な人だ」と思い
込んでいたのに，ある時，自分のことを後回しにして他の人のために何かをや

っている姿を見て，「あのような一面があるんだ」と思うことがあります。そうすると，これまでの「自己中心」の観念が取り除かれ，「人のために尽くすことができる人」と思えるようになります。思い込みによる固定観念は，崩れやすいこともあります。職員の意外な一面に遭遇する機会を少しでも多く持てるよう工夫してみましょう。

4）リフレーミングによる関係性の変化

　その意味でも，リフレーミングは重要なのです。当該職員に対して否定的な想いではなく，肯定的な想いを抱くことができると，肯定的な想いを非言語コミュニケーションを通して自然と発信できるのです。その肯定的な思いを当該職員は受け取るのです。

　人は，自分の強みを見てくれる，分かってくれるからこそ，その人に信頼を寄せることができるのです。否定的なメッセージを送ってくる人には否定的なメッセージを，肯定的なメッセージを送ってくる人には肯定的なメッセージを返すのではないでしょうか。

　職員を変えようと思えば，職員の変化ばかりを期待してもうまくことが進みません。まずはOJT担当者自身が，変わることを意識しなければならないでしょう。OJT担当者の対応が変われば，職員との関係が変わり，職員も変わるのです（大貫 2007：66-67）。

　皆さんの職場に「この職員は，福祉の仕事に向いていない」「この職員は，わが職場には不適切だ」と思われる職員もいるかもしれません。そのレッテルを貼る前に，まずは着実に指導・教育し育てましょう。第1章で説明したように，職員も一人ひとりその人なりの素晴らしい能力や可能性を有しています。その素晴らしさにまずは着目し，見出しましょう。

3　寄り添うこと

（1）「共に」という姿勢

　OJT担当者は，職員の悩みや辛さを共有することが大切です。必ずしも職

員の悩みに対して明確な解答を提示したり，陥っている状況をすぐに改善できたりするわけではありません。即座に答えを言わなければならないとか対応をしなければならないと思う必要はありません。「私もどうしてよいか分からないけれど，一緒に考えていきましょう」という姿勢が重要なのです。特段，助言などしなくとも，その場・その状況を共に過ごし，分かち合うことがとても重要です。

　そのために，職員と丁寧に向き合いましょう。向き合うことで，悩み，喜び，悲しみ，怒りなどを共有でき，気持ちも通じ合います。職員が孤立感を抱かないようにしましょう。OJT担当者と職員が一緒に仕事に取り組むことも効果的かもしれません。すぐに問題解決に至らなくとも，職員の背負っている重荷をOJT担当者が半分背負うことで，職員の気持ちが随分と楽になるものです。

　問題を共有し，「私のことを分かってくれる人がいる，一人ではないんだ」と思ってもらえると，信頼関係は一層深まります。職員が失敗した時，後悔したり，落ち込んだり，自信を失くしたりしている際には精神面でのフォローをしましょう。

（2）職員目線でのかかわり

　「共に」という姿勢は，職員に「寄り添うこと」だともいえます。一般的に「寄り添う」とは，「相手の体に触れんばかりに近くに寄る」（金田一ほか編 1997：1452）という意味です。そして，OJT担当者からの視点ではなく，当該職員からの視点で物事を捉えていくことでもあります。本人の側から物事を見ていくことによって，当該職員なりの想いや悩みも見えてくることでしょう。この寄り添い型の育成は，とりわけ経験の浅い職員や若い職員には効果的といえるでしょう。

　次に紹介する業務に自身の持てない職員の事例を通して，寄り添い型のOJTをイメージしてみましょう。

事例21　自信の持てない中堅職員に広い視野で業務遂行できるよう支援した事例

　石川さん（男性，25歳）は，就職して 4 年目になる中堅職員です。日常業務は一通り遂行できるのですが，自分の業務を遂行するのに精一杯の状況です。会議でも，自分の意見を言うことはほとんどありません。後輩職員も入ってきて，勤務年数からしてもそろそろ周囲の状況を見渡して，広い視野で物事を見て動くことのできる職員へと成長してほしいものです。チームリーダーの岡田さん（女性，34歳，以下，岡田リーダー）は，石川さんに期待していることを伝えています。しかし，石川さんは「自信がない」と言って，自分の枠の中だけで仕事を進めているといった状況が続いています。

　岡田リーダーが石川さんに「周囲をよく見て仕事をして下さい」「広い視野で物事を見て下さい」と言ってもほとんど効果はなく，石川さんの混乱を招くだけでした。そこで，具体的な業務を依頼することとしました。今年度のクリスマス会の責任者に任命したのです。数名の職員をメンバーに付け，そのメンバーと一緒になって，クリスマス会の企画・運営を担ってもらうこととしました。

　当然，石川さんは「自信がありません」と拒否をしたのですが，自分がサポートすること，相談に乗ることを伝えました。また，昨年度クリスマス会の委員を経験した職員を今年度も委員に入れることを提案し，なるべく石川さんに負担をかけないように配慮しました。まずは，クリスマス会の委員会を開催し，昨年度の反省を基に，どのような企画にすればよいのかを話し合ってもらうことにしました。

　委員会に先立ち，どのようなことを話し合えばよいのかの確認を 2 人で行いました。岡田リーダーは，石川さんがどのようなことに自信がないのか，どのようなことを不安に感じているのかを丁寧に聞き取りました。その上で，クリスマス会の趣旨を確認することに始まり，昨年度どのような意見が出ていたのかを整理し，今年度どのような会にすればよいのかの意見聴取を行うことを確認しました。

　委員会では，「利用者や職員にアンケートを取ったらよいのではないか」「昨年度の反省を活かして，○○をしたらよいのではないか」「利用者から○○してほしいといった声が上がっていた」など，さまざまな意見が出されました。委員会での話し合いを踏まえて，岡田リーダーは，石川さんの想いを聴き，受け止めつつ，どのように進めていきたいかを確認しました。色々な意見が出て石川さんがまとめきれない時は，どう考えているかを聴きながら考えを整理するサポートを行い，その上で石川さんの想いを尊重するよう努めました。そして，「その考えで良いですよ」と石川さんの考えを適切に評価しました。

　岡田リーダーの励ましや評価が功を奏したのか，やがて石川さん自ら面談してほしいと申し出るようにもなりました。積極的な態度が徐々に出始めたのです。岡田

リーダーは，石川さんの自発的な行動を尊重したり励ましたりするなど，少しでも自信がもてるよう配慮しています。

　本事例は，自信の持てない中堅職員にクリスマス会の責任者という役割を与えて，リーダーシップの発揮を促した事例です。職場としては，石川さんに周囲の状況を見ながら視野を広げて業務を行うことのできる職員へと成長してほしいと願っているでしょう。石川さんからすると，目の前の業務で精一杯なのかもしれません。とても周囲を見渡して部署の状況，他の職員の状況にまで目を配るほどの余裕はないのかもしれません。あるいは，自分ではできている，自分は十分役割を果たしていると思っているかもしれません。

　ここで考えなければならないことは，石川さんの力量がどの程度備わっているのか，どのようなキャリアをたどっていけばよいのか，ということです。石川さんの力量を超えて高度なことを要求しても意味がありません。石川さん自身がどのような想いを抱いているのかを理解することも重要です。

　岡田リーダーは，石川さんに期待することを伝えてはいます。しかし，単に「もう少し周囲を見て動いて下さい」「広い視野で物事を見て下さい」と伝えても，石川さんからすると何をどうすれば良いのか見当もつかないでしょう。そこで，どのような行動をとってほしいのかを具体的に示すことで，何をすべきかが見えてきます。

　本事例のように，クリスマス会の責任者を担ってもらうことで，日々の業務だけではなく，行事にも目を向けることができます。他の職員の意見を聞くことで，さまざまな考えがあることを理解できるでしょう。複数の職員のまとめ役をすることで，他の職員とのコミュニケーションの幅が広がります。

　また，まとめ役はさまざまな意見や考えをまとめて方向性を示す力が求められます。自分の意見も発信しなければなりません。具体的な業務の積み重ねを通して，「周囲を見る」「広い視野で物事を見る」といった能力が身に付いていくのです。

　この時に不可欠となるのは，岡田リーダーのサポートです。石川さんに任せ

きりでは石川さんは不安になり失敗する恐れがあります。そこで，石川さんと一緒に取り組むという姿勢が重要となります。悩みごとを聴き，受け止めることを心がけましょう。その悩みも漠然とした悩みにとどまるのではなく，具体的にどのようなことに自信がないのか，不安を感じているのかを整理しています。具体的にイメージすることで，何をすべきかが見えてくるのです。

　また，石川さんの考えや仕事の進め方で評価すべきところを，適切に評価することが重要です。自身の持てない職員に，「それで良いですよ」「できてますよ」といった言葉掛けは，石川さんの自信につながっていくことでしょう。

　石川さんから相談がなくとも，岡田リーダーから声掛けをして業務の進捗状況や石川さんの状況を把握することも忘れてはなりません。石川さんの業務がスムーズに進行するために，他の職員にも石川さんのサポートを依頼することも必要となるかもしれません。

　石川さんは，今回のことで一歩踏み出せたといえます。意見を聴き入れてもらえた，クリスマス会が成功した，利用者に喜んでもらえた，他の職員から感謝やねぎらいの言葉をもらえたといった成功体験が業務に対する自信となり，さらなるステップアップへとつながっていくことでしょう。

（3）中立・公正な立場での指導育成

　職員の味方であり，寄り添うことは重要です。一方で，当該職員のペースに巻き込まれるのではなく，また，当該職員に対して好き嫌いで対応するのでもありません。客観的な視点も同時に持っておくことが肝要となります。そうすることで，職員の気持ち，背景を客観視することができ，職員を理解することにつながるのです。職員に対しては，中立的・公正な立場で指導育成にあたります。育成するものとしての立場を十分にわきまえておかないと，冷静な判断ができなくなる恐れがありますので注意しましょう。

Check Point !

▷　職員を「1 人の人間」として理解し，相手に対する敬意の念を忘れない
　　ようにしましょう。

▷　職員の味方であることを前提にかかわっていきましょう。

▷　職員のストレングスに着目し，引き出す育成を心がけましょう。

▷　職員目線での寄り添う育成を心がけましょう。

第 10 章	年配者・ベテラン職員へのOJT
	──知識・経験を現場への支援・ケアに活かす

┌─ 本章のねらい ─────────────────────────

　第10章では，年配者や経験豊富な職員の指導育成について説明します。近年，年下の職員が年配の職員や経験豊富な職員を指導育成する機会が増えてきました。年配の職員や経験豊富な職員はどのような状況にあり，年下のOJT担当者が年配職員や経験豊富な職員を指導育成するにあたって，どのような苦労があるのかを整理します。そして，どのような指導育成を行っていけばよいのかを，多くのOJT担当者の経験談に基づいて整理しています。

└──────────────────────────────────────

1　年配の職員・経験豊富な職員の状況と指導育成の困難さ

（1）多様な経歴を有する年配職員・経験豊富な職員

　近年，多様な経歴や年齢層の職員が福祉の職場で働くようになっています。福祉関係での経験は豊富だが，以前の職場の仕事の進め方が染みついてしまっている，古い福祉観（援助観）が染みついてしまっている，という職員がいます。また，子育てや親の介護の経験があり，仕事と育児や親の介護とを混同してしまっている，以前は異なる種別で働いており福祉の仕事の経験がない，定年退職後第2の職業人生として福祉の仕事に就いた人もいます。職員の状況は千差万別です。

　それぞれの職員の有する力量も異なっており，年齢層も多様化しています。年配の職員に対して，物覚えが悪い，すぐ忘れる，以前説明したことのある内容でも初めて聞いた顔をして「聞いていない」と言い張る，機敏な動きができない，体力や視力などの身体的な機能の低下が見られる，頑固で融通が利かない，これまでの経験から我流で仕事を進めていこうとするなどマイナスの評価

195

があるのも事実です。

事例22　古い援助観を持つ年配の職員の価値観を変えることができた事例

　野村さん（女性，48歳）は，短期大学を卒業後障害者施設に数年間勤務し，出産と同時に退職しました。再び障害者とかかわる仕事をしたいという想いから，子育てが一段落した今年度から障害者の生活介護事業所（通所）で働き出しました。利用者は18歳以上の重度の知的障害者，自閉症スペクトラムの障害者です。

　野村さんはこれまでの職業経験や子育て経験を通して，自分なりの想いをもって利用者と接しています。ところが，昔ながらの指導・訓練といった認識が強く，利用者に対してはきつい口調で指示をしたり，成人の利用者に対して子ども扱いをするといった態度で接したりします。

　現場の責任者である平松課長（男性，35歳）は，年配職員の野村さんに何度か注意するのですが，野村さんに改善の兆しが見えません。むしろ，「障害の重い利用者に対しては厳しさと親しみが重要だ」と言い張って，かつて自分が働いていた頃の接し方を肯定します。平松課長は，「野村さんの利用者への接し方は古い考えに基づいており，現在では通用しない，むしろ個人の尊厳を損なうことになる」と言い切ってしまいます。そうすると野村さんは「何を若造が！」といった勢いで言い返し，双方言い合いになってしまいます。若い職員にも悪影響を及ぼしかねません。

　平松課長は大いに悩みます。人材育成の観点から，一方的な注意だけでは相手には伝わらないといった反省から，単に注意するだけでなく，野村さんの仕事ぶりを見守ったり，一緒に業務を行ったりするようになりました。その上で，昔とは違う現在の利用者支援・ケアにとって基本となる考えやそれを踏まえた利用者とのかかわり方について説明していきました。しかし，野村さんはそれを受け入れようとせず，我流で利用者とかかわり続けました。

　平松課長は，野村さんとのコミュニケーションについて考え直しました。そこで，福祉の仕事に就こうと思った動機や野村さんの支援観についての想いを聴くことにしました。

　一方，平松課長は，自ら率先して利用者とのかかわりを示しました。野村さんは，平松課長が利用者に丁寧に接する様子を見たり，利用者が平松課長の周りに集まっている様子や平松課長に色々なことを相談している様子を見たりして，徐々に平松課長の発言の意味を理解するようになりました。

　本事例は，かつて現場経験があるものの，古い援助観で利用者と接していた

年配職員に対する育成事例です。平松課長は，野村さんと言い合いになり感情的なもつれが生じつつも，野村さんに対し丁寧にかかわりを持とうと努力しています。野村さんの業務を見守ったり一緒に業務に就いたりしています。しかし，あるべき姿を伝えるだけで状況は改善しません。双方の関係は悪化する一方です。

　平松課長は，処遇から支援に変わり，利用者主体，個人の尊厳の尊重に基づいた支援を目指そうとしています。野村さんの古い考えは，いつまでも通用しないので改めてほしいと思っていることでしょう。

　一方の野村さんは，以前障害者施設で働いた経験があり，その当時のかかわり方のどこが悪いのか，一方的に否定しなくても良いのではないか，と思っていることでしょう。野村さんなりに専門職としてのプライドが傷つけられたことでしょう。自分自身を否定されたと思っているかもしれません。

　そこで平松課長は，もう一度野村さんとのかかわりを見つめ直しました。業務に対する直接の注意や指示ではなく，福祉の仕事に就こうと思った動機から入り，野村さんの想いを受け止めようとしています。

　そして，平松課長自ら模範的なかかわりを意識して実践しています。一方的に人から間違いを指摘されると，自分なりに考えて利用者とかかわっているため素直に受け入れ難いのです。ところが，利用者が平松課長のかかわりを受け入れているということを目の当たりにした野村さんは，平松課長の指摘事項を受け入れるようになりました。平松課長は，理屈で説明し説得するのではなく，自ら模範を示し職員に納得してもらう方法を用いたのです。

事例23　高齢期の業務を修得できない新任職員の指導に苦慮している事例

　山崎さん（男性，56歳）は，高齢者のデイサービスセンターの介護職として採用されました。人の役に立ちたいとの想いから，勤めていた会社を早期退職し転職したのです。体を動かす仕事（力仕事）がメインだったので，介護業務にも自信があったようです。デイサービスセンターでは，若い介護職を求めていたのですが，応募が無く，介護職としてはやや高齢の山崎さんを採用したのです。岸野リーダー（男性，41歳）が山崎さんの OJT 担当者になりました。日課のプログラムや利用

者の状況，介護方法，パソコンを用いての記録の書き方や業務連絡の方法など日常業務について一通り説明し，しばらくの間，行動を共にし，仕事に慣れてもらうこととしました。

山崎さんは，利用者とかかわることが好きなようで，いつも笑顔で利用者と接しています。しかも，とても丁寧に接しています。力仕事には自信があるので，介護業務にも率先して入ってくれています。ただ，日々の業務の流れに伴う動き方やパソコンの操作方法などの事務処理になると，上手く処理できず，また職場の中で交わされる専門用語も覚えられません。

岸野リーダーが，日課の流れやその時々の動きについて説明します。その都度，山崎さんは「はい」と返事するのですが，理解できていないようです。記録についてもこれまで力仕事がメインだったため，文章を書くことに慣れていない山崎さんには難しいようで，箇条書き程度の文章しか書けません。他の職員が記録に目を通すと，その時の状況が理解できません。岸野リーダーは，記録の書き方のポイントやコツについても指導するのですが，やはり難しいようです。

岸野リーダーは，年配の職員で中々仕事を覚えない山崎さんへの対応に苦慮しています。山崎さんも，利用者と接している時は楽しいし，力仕事には自信があるので介護業務もそれほど苦にならないのですが，状況に応じた動きや記録などのパソコン操作になると，つい億劫になってしまうようです。

山崎さんからすると，「岸野リーダーの話している内容が分からない」「難しいことを要求されるとできない」「やっているつもりなのにどこが悪いのか」といった不安や不満が募ってきています。

本事例は，高齢期に差し掛かった新人職員の育成で苦慮している事例です。近年，第2，第3の職業として，福祉関連の仕事を希望する人が増えています。人の役に立つことを実感でき，なおかつ収入にもなるということが理由のようです。職場は若い世代の職員を求めているのですが，応募が無いため，高齢期に差し掛かった職員を採用せざるを得ないという実情があるようです。

これまでの仕事内容を新たな職場でも活かせると良いのですが，そうでない場合，新たな知識や技能を身に付けるのに苦労するようです。山崎さんは，身体を動かす仕事や力仕事は得意のようですが，状況に応じた動きが苦手のようです。また，パソコン操作，文書作成，専門用語の理解といったことはこれま

で従事したことがなかったので，修得できていないようです。

　岸野リーダーは，「若い介護職に来てほしかった。高齢期に差し掛かった職員は仕事覚えが悪いので，どう対応したらよいのだろうか」と悩むところです。山崎さんに対して，「何度説明しても理解できていない」「歳だからそんな難しいことを言われてもできない，とすぐ開き直る」といった不満も募ってきます。そのことが山崎さんにも伝わっていることでしょう。

　山崎さん自身，福祉の仕事に興味を持って自分の持ち味を活かしたいと思っていたにもかかわらず，年下の同僚や上司に「できていない」ことを指摘されるだけでは自信喪失してしまうでしょう。「自分にも分かるように説明してほしい」「自分にできる範囲の仕事を割り振ってほしい」と思っていることでしょう。

　山崎さんに「説明したのだから，しっかり覚えて下さい」と指示するだけでは，修得にはつながりません。また，山崎さんのできないところばかりをクローズアップするのではなく，笑顔で利用者と接している，丁寧に接している，介護業務には率先して従事するといったプラスの面も適切に評価し，持ち味を発揮できるようにするべきでしょう。

（2）年配の職員や経験豊富な職員育成の着眼点

　組織の一員として仕事をする以上，年配者・経験豊富な職員であっても，責任をもって一定の仕事を遂行してもらわなければなりませんし，組織の方針や決まり事は遵守してもらわなくてはなりません。年配の職員・経験豊富な職員を年下の職員が指導育成に当たることも増えています。仕事ですから，年配職員といえども，職場の方針に沿って業務に従事しなければなりません。

　ただ，悲観するだけではなく年配者・経験豊富だからこその強みもあるのです。これまでの社会経験や前職で培った知恵や知識や技能を活かせるかもしれません。広い視野で物事を捉えることができるかもしれません。多方面にまたがって人脈を有している場合もあります。それぞれの職員の状況に応じて，年配者・経験豊富な職員が仕事で活躍できる状況を作ることも一考に値します。

　また年配の職員や経験豊富な職員からすると，年下の職員，経験の浅い職員に指導されるということがどういうことなのか，当該職員の立場に立って考えてみることも必要といえます。

　次節では，年配の職員や経験豊富な職員への対応法を紹介します。年齢や理解の度合い等，それぞれの職員の状況を踏まえて取捨選択して活用して下さい。

2　年配の職員・経験豊富な職員の指導育成方法

（1）年配の職員・経験豊富な職員に対する敬意の念

1）普段からの関係づくり

　対立関係にあると，仕事に支障が生じてしまいます。協力者になってもらうことが肝要といえます。当該職員との信頼関係があってこそ，指導・注意・指摘を聞き入れてもらえるので，普段から良好な関係形成に努めましょう。人生の先輩として，経験の豊富な熟練者として頼りにしている，ということが伝わるようなかかわりをします。

2）当該職員の自尊心の尊重

　人それぞれその人なりのプライドを持っているので，当該職員の自尊心を尊重したかかわりを心がけましょう。当該職員に対して，失礼な態度や高圧的な態度で接するのではなく，年配者として，人生の先輩として，敬意を持ってかかわっていきましょう。基本的には敬語で話をしましょう。

　業務の依頼や注意の仕方も命令として指示するよりも，「○○して下さい」「○○してもらってもよいですか」「○○した方が良いと思うのですが，いかがでしょうか」などお願いする方式が効果的かもしれません。また，「○○についてどう思われますか，どうすれば良いと思いますか」といった相談するような話し方も効果的かもしれません。そして，当該職員の遂行した業務に対する感謝の念を忘れないようにしましょう。

3）ストレングスへの着目

　当該職員のストレングスや得意なことを適切に評価し，発揮できるかかわり

をしましょう。そして，そのストレングスから，自分に無い良い所を取り入れるという謙虚な姿勢も大切です。双方が相手に対し謙虚で敬意をもってかかわっていくということは相互理解，相互信頼につながります。

　年配の職員は，これまでの人生の中でさまざまな経験を有しキャリアを積んで，色々な知恵や知識・技能や特技を有していることでしょう。これらのストレングスを活かして，発揮できるかかわりを心がけましょう。

4）相手への気遣い

　当該職員への身体，体力，メンタルなどへの気遣いをしましょう。また，当該職員の抱える悩みや戸惑いにも細心の注意を払う必要があります。

（2）落ち着いた環境での双方向のやり取り

1）落ち着いた環境の下での話し合い

　話し合いをする際，とりわけ，込み入った話の場合は，双方じっくり時間のとれる落ち着いた環境（時間・空間）で話をしましょう（図表10-1）。気持ちにゆとりがないと，十分なやり取りができません。一方向のコミュニケーションに終始したり，表面的なやり取りになったりします。時には言い合いになってしまうこともありますので，注意しましょう。単にあるべき姿だけを一方的に伝えても，相手には伝わりません。「一方的に言われた」といった不快感を抱かせるだけです。話しかける時は，相手の都合を聞いて時間を取ってもらうなどの工夫も必要です。

2）一方的に否定せずに想いを尊重する

　「以前の職場はこうだった」という発言に見られるように，当該職員なりの考えや想いもあります。当該職員の考えや意見を一方的に否定したり，伝えたいことだけを一方的に伝えたりしないようにしましょう。当該職員の考え，話を丁寧に聴きましょう。そして，まずは心を込めて「そうだったんですね」「なるほど」といった態度で受け止めましょう。

　当該職員の話の内容，気持ちや感情に配慮しましょう。そして，相手の経験や仕事の進め方について尊重すべきところは尊重しましょう。参考になる内容

図表10-1　落ち着いた環境の下での話し合い

や改善すべき内容については取り入れていくことが肝要となります。一緒に考えていく，一緒に取り組んでいくという姿勢は重要だといえます。

3）冷静な対応

感情的にならず，冷静に対応しましょう。硬い表情にならないように心がけ，笑顔や温かい眼差しを意識しましょう。いくら伝えても理解してもらえない，何度も不適切な言動が見られる，攻撃的に言い返してくる，といった場合，つい感情的になってしまうことがありますが，これは逆効果にしかなりません。当該職員からすると，「分かってもらえない」「一方的に言われた」といった否定的な感情しか残りません。

4）話の道筋

あらかじめ，話の道筋をシミュレーションしておくと良いでしょう。「○○について伝えよう」だけでなく，どういったストーリーで話をするのかをイメージすることで，筋道の通った話ができます。また，表現方法も考えておきます。これは，不用意な発言を無くすためです。不用意な発言をすると，当該職員が話の本筋よりも言葉尻にこだわり，それ以上話が進まなくなります。当該職員が反論してきた時は，まず冷静に聴くということも，ストーリーに組み込んでおきましょう。

（3）さまざまな育成方法

1）職場の方針に基づく説明

　仕事は，職員個人のルールで動くものではありません。職場が大切にしていることやルール，支援の価値や職員としての行動規範，業務手順やポイントなど伝えるべきことは明確に伝え，理解してもらわなければなりません。そのために，職場の基本理念・運営方針，支援・ケアの価値や職業倫理といった根拠を示します。特に，理論肌の職員には理屈を示し納得してもらうことは効果的かもしれません。また，日頃から法人（職場）の基本理念・運営方針，支援の考え方を職場全体（部署内）に発信し周知に努めます。その上で，個人で話をする際は全体で伝えた内容を踏まえて話をします。

2）理論的根拠の提示

　研修などで学んだ新しい考えや知識を伝えましょう。単に理屈だけを伝えるのではなく，具体的に自分たちの職場（部署）でどう活用するのかを伝えましょう。理論的根拠となります。あるいは当該職員に研修に参加してもらって，考え方や仕事の進め方について理解を促しても良いでしょう。

3）OJT 担当者による模範的態度の実践

　OJT 担当者が，自ら態度で示しましょう。理論的根拠に基づいて，実践して模範を示すのです。率先垂範です。理論的な根拠を説明するだけでは，かえって反感を招くこともあるので，実践して見せ，納得して頂くことも大切です（事例22参照）。実際に業務手順，利用者とのかかわり方などあるべき姿を実践し続けることで，自分自身を当該職員に認めてもらうのです。時間がかかっても，納得してもらえると効果は絶大です。

4）相手に伝わる説明方法

　一つひとつ丁寧に伝えます。一度に多くのことを伝えても当該職員が理解できないこともあります。覚えきれないこともあるので，一つひとつの事柄を当該職員の理解の度合いを確認しながら伝えていきます。伝える側のペースではなく，受け取る側のペースを大切にします。「相手に伝えるコミュニケーションではなく，相手に伝わるコミュニケーション」を心がけましょう（図表10-

図表10‐2　相手に伝わるコミュニケーション

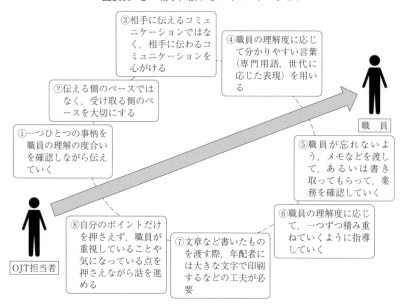

③相手に伝えるコミュニケーションではなく，相手に伝わるコミュニケーションを心がける

④職員の理解度に応じて分かりやすい言葉（専門用語，世代に応じた表現）を用いる

②伝える側のペースではなく，受け取る側のペースを大切にする

①一つひとつの事柄を職員の理解の度合いを確認しながら伝えていく

職　員

⑤職員が忘れないよう，メモなどを渡して，あるいは書き取ってもらって，業務を確認していく

OJT担当者

⑧自分のポイントだけを押さえず，職員が重視していることや気になっている点を押さえながら話を進める

⑦文章など書いたものを渡す際，年配者には大きな文字で印刷するなどの工夫が必要

⑥職員の理解度に応じて，一つずつ積み重ねていくように指導していく

2）。

　例えば，当該職員の理解度に応じて分かりやすい言葉（専門用語，世代に応じた表現）を用います。また当該職員が忘れないよう，メモなどを渡して，あるいは書き取ってもらって，業務を確認していきましょう。メモに残すことで，後で振り返ることができます。またメモを見ながら，思い出してもらいながら業務を実施してもらいつつ，修得してもらう狙いがあります。押しつけにならないように気を付けましょう。

　当該職員の力量に応じて，一つずつ積み重ねていくように，指導していくことも重要です。一足飛びに説明すると，その時は分かったつもりになっていても，実は理解できていないということも多いのではないでしょうか。

　文章など書いたものを渡す際にも，年配者には大きな文字で印刷する，図式化したり写真を提示したりして視覚的に理解しやすくするなどの工夫も必要かもしれません。また，あることを伝える際，伝える側と受け取る側とのポイン

トが異なっていることがあるので，自分のポイントだけを押さえて，話を進めないようにした方が良いでしょう。当該職員が重視していることや気になっている点を押さえながら，話を進めましょう。

（4）上司への相談

　本節で今までに取り上げた取り組みを行っても，上手くいかない場合は，上司に相談しましょう。時には，上司に同席してもらって伝える，上司から伝えてもらうなどして上司に対応してもらうことも必要かもしれません。決して，皆さんだけが抱え込まないようにしましょう。職員育成は，OJT 担当者個人で行っているのではありません。職場ぐるみで行っているのです。したがって，皆さんの力量を超えた事柄には，上司がしっかりと皆さんをサポートしてくれるはずです。

Check Point !

▷　年配者・経験豊富な職員の自尊心や想いを尊重したかかわりを心がけましょう。

▷　当該職員に納得してもらえるような指導育成方法を工夫しましょう。

▷　当該職員の有する知識や技能といったストレングスを最大限活用しましょう。

▷　年配者・経験豊富な職員にとって理解しやすい表現方法を工夫しましょう。

▷　決して１人で抱え込まないで，皆さんの上司にも相談しサポートしてもらいましょう。

<table>
<tr><td>終　章</td><td>利用者・職員の双方を「1人の人間」
として見ること
——福祉現場でも求められるかかわり方の基本</td></tr>
</table>

─ 本章のねらい ─

　終章では，職員を「1人の人間」として敬意を表すること，まさに職員の尊厳を
尊重しながらかかわることが育成にとっての根幹にあることを説明します。職員育
成の具体的なハウツーも大切ですが，OJT担当者，職場の先輩や上司の部下や後
輩職員に対する捉え方そのものが，職員育成に大きく影響を及ぼしていることの理
解を深めます。

1　職員の人としての尊厳の尊重

　利用者も職員も同じ人間なのです。利用者だから，職員だから，といった区
分けをするのではなく，利用者も職員も同じ人間であり，一人ひとりの人格を
有する人としてかかわっていくことが重要です。

事例24　敬意の念によって新卒職員にいち早く社会人としての自覚を促した事例

　高木さん（男性，22歳）は，この春に大学の社会福祉学科を卒業して障害者支援
施設に就職をしました。社会福祉士の資格も取得しました。大学時代は上下関係の
厳しい部活動に所属していました。社会人1年生として新たなスタートを切ったの
です。高木さんは，大学時代の上下関係の厳しさは社会人になっても同じだろうと
考えていました。ところが実際は，職場の先輩や上司は高木さんを1人の社会人と
して敬意を表しながら接しています。言葉遣い・態度・接し方など，決して尊大で
はありません。利用者の前でも，社会人として敬意の念をもって接しています。

　しかも，先輩職員や上司は高木さんを社会福祉の専門職としてみなしています。
「あなたは，このことをどう思いますか？」と嫌味なく問いかけてきます。そして，
高木さんなりに考えて発言した内容を尊重してくれるのです。

　このことは，高木さんにとってとても新鮮で「まさに自分は社会人なんだ」「社

会福祉士を有する専門職なんだ」という自覚を強く持つようになりました。

　本事例は，先輩や上司が新卒職員に対して社会人として敬意の念を持って，また専門職として接していることで，いち早く自覚が芽生えた事例です。高木さんは，大学時代に上下関係の厳しい部活動に所属していました。入学4年生で上位の地位にあったのが，社会人になって一番下の地位になってしまったのです。厳しく接せられるだろうと，何の疑いも持たなかった高木さんでした。ところが就職先では，「1人の社会人」として敬意の念をもって接してくれるのです。

　先輩や上司から「あなたは社会人なのだから，社会人としての自覚を持ちなさい」と言われるよりも，周囲の先輩や上司に社会人として接せられることで，身をもって社会人としての自覚が芽生えてくるのです。

　利用者の前でも社会人としての敬意の念をもって接することは，高木さんは立派な職員だ，という利用者へのメッセージにもなっています。もし，先輩や上司が利用者の前で高木さんに尊大に接していたら，利用者に「高木さんは上下関係の下に位置する職員なんだ」といった想いを抱かせたことでしょう。

　また大学で社会福祉を学び，社会福祉士を取得した高木さんにとって，先輩や上司から専門職として接してもらっていることで，さらに専門職としての自覚を促すことにもつながっているでしょう。

2　敬意の念を表しての職員育成

　事例24からわかるように，先輩や上司が新任職員に社会人としての振る舞いを要求するよりも，態度で示すことの方が，社会人として，専門職としての自覚が芽生えてくるのです。さらに職場の一員としての自覚も芽生え，先輩職員や上司との信頼関係形成の礎となっていくのです。

　年配の職員や経験豊富な職員に対しても，同じことがいえます。「OJT担当者として立場が上だ」といった姿勢で臨むのではなく，人生の先輩として経験

豊富な職員として敬意をもってかかわっていくことで，自尊心が保たれます。

　実はこのことは，利用者との関係においても重要なのです。利用者の前で職員同士が会話することも多いと思います。この時，先輩や上司が若い職員や初任者に対して，尊大に接したり，不用意に叱ったり注意をしたりしていると，利用者に「あの新任さんは仕事ができない人なんだ」といった誤解を植え付けかねません。利用者と新任職員との間に専門的援助関係を形成する上で，支障が生じる恐れもあります。

　一方，先輩や上司が新任職員に敬意を表していると，利用者も新任職員を専門職としてみていくことでしょう。利用者に，若い職員や初任者に敬意をもってかかわっていくべき存在であるということを認識してもらえるのです。先輩や上司のかかわりは，利用者にも影響を及ぼしているのです。

　加えて，先輩や上司から敬意をもってかかわってもらうという実体験をした新任職員は，どのような想いを抱くでしょうか。「自分は大切にしてもらっている」「『1人の人間』として，かかわってもらっている」といった想いを抱くことでしょう。このことは，「個人の尊厳を尊重する」とはどういうことなのかを，実演しているともいえます。自分が先輩や上司から接してもらって社会人として，専門職としての自覚が芽生えた，大切な存在としてみてもらっているといった実体験を通して，利用者の「個人の尊厳を尊重」するとはどのようなことなのかも認識できるのではないでしょうか。

　人とかかわる福祉の仕事は，利用者，職員も同じく人格を有する「1人の人間」として敬意をもってかかわっていくことが，すべての土台にあるといえます。当然，職員育成においても，職員を「人格を有する1人の人間」として，かかわっていくことこそが原点だといえます。

あとがき

　2006年度に始まった京都府社会福祉協議会主催の「OJTリーダー養成研修」は，現在も定員を超える申し込みがあり，すっかり定着しました。また，他の社会福祉協議会主催・各団体主催の「OJTリーダー養成研修」「OJT推進研修」等も徐々に増え，毎年継続して開催しています。職場の中で人を育てるOJTの重要性が，徐々に浸透しているのを実感します。

　筆者が担当する「OJTリーダー養成研修」等では，「職員の足りないところ，不十分なところを克服してできるようになる」「職員に仕事をさせる」というスタンスではなく，「職員の有する力量を引き出し伸ばしていく」「職員自ら仕事に意欲・やる気を持って取り組む」ための職員育成を心がけてプログラムを組んでいます。

　また単なる座学ではなく，それぞれの職場のOJTの取り組み状況の情報交換・意見交換を通してより実践的に理解していただけるように工夫を凝らしています。さらに「OJTリーダー養成研修——実践編」では，研修の受講生は，研修内容を持ち帰り職場でOJTを実践していただき，実践内容を研修で分かち合っていただきます。

　本書は，OJTの考え方や職員育成の考え方を踏まえつつも，「OJTリーダー養成研修」等の受講生のOJTの実践内容をまとめたものです。受講生の苦労や努力が凝縮された書籍ともいえます。さまざまな取り組みを紹介して下さった「OJTリーダー養成研修」等の受講生の皆様に感謝申し上げます。

　本書の編集に当たっては，社会福祉法人京都府社会福祉協議会様に監修を担っていただきました。京都府社会福祉協議会主催の「OJTリーダー養成研修」が，筆者のOJT研修の原点です。また，筆者の文章を校正して，さらにわかりやすい図表を作成してくださった氏家香苗さんには心よりお礼申し上げます。

最後に，ミネルヴァ書房編集部の音田潔氏には，企画の段階から完成に至るまで本書全体の構成や文章表現など細部にわたって，ご助言や温かい励ましを頂きました。

　本書作成にご協力いただいた多くの方々に，この場をお借りしてお礼を申し上げます。

2020年 5 月

津田耕一

参考文献

麻野耕司 (2019)『THE TEAM——5つの法則』幻冬舎。

安藤俊介 (2016a)『自分の「怒り」タイプを知ってコントロールするはじめての「アンガーマネジメント」実践ブック』ディスカヴァー・トゥエンティワン。

安藤俊介 (2016b)『アンガーマネジメント入門』朝日新聞出版。

大貫章 (2007)『増補改訂版 OJTと職場経営——管理職は何をしたらいいのか』産業能率大学出版部。

鹿毛雅治編 (2017)『モティベーションをまなぶ12の理論——ゼロからわかる「やる気の心理学」入門！』金剛出版。

京都府社会福祉協議会監修・津田耕一 (2011)『福祉職員研修ハンドブック——職場の組織力・職員の実践力の向上を目指して』ミネルヴァ書房。

京都府社会福祉協議会監修・津田耕一 (2014)『福祉現場OJTハンドブック——職員の意欲を引き出し高める人財育成』ミネルヴァ書房。

金田一京助・山田忠雄ほか編 (1997)『新明解国語辞典 第5版』三省堂。

坂口哲司 (1991)『看護と保育のためのコミュニケーション——対人関係の心理学』ナカニシヤ出版。

新村出編 (2018)『広辞苑 第7版』岩波書店。

全国社会福祉協議会編 (2016)『改訂 福祉の「職場研修」マニュアル——福祉人材育成のための実践手引』全国社会福祉協議会。

寺澤弘忠 (2006)『ナースのOJT——実例短期養成マニュアル』ぱる出版。

寺澤弘忠・寺澤典子 (2009)『OJTの基本——教え、教えられながら共に学び共に育つ』PHP研究所。

外山美樹 (2015)『行動を起こし、持続する力——モチベーションの心理学』新曜社。

永田理香 (2009)「教育環境としての社会福祉施設——「カリキュラム」の視点から従事者の人材育成を考える」『月刊福祉』8月号、36-41頁。

バイステック、フェリックス. P. ／尾崎新・福田俊子・原田和幸訳 (2006)『ケースワークの原則——援助関係を形成する技法 新訳改訂版』誠信書房。

ハルバーソン、ハンディ・グラント／児島修訳 (2014)『やってのける——意志力を使わずに自分を動かす』大和書房。

ピンク、ダニエル／大前研一訳 (2018)『モチベーション3.0——持続する「やる気(ドライブ!)」をいかに引き出すか』講談社。

兵庫県社会福祉協議会社会福祉研修所 (2012)『OJT担当者のための新任職員育成ハン

ドブック——新任職員も中堅職員も育つ OJT 実践へ』。

深田博己（1998）『インターパーソナルコミュニケーション——対人コミュニケーションの心理学』北大路書房。

福祉職員キャリアパス対応生涯研修課程テキスト編集委員会編（2018）『改訂　福祉職員キャリアパス対応生涯研修課程テキスト初任者編』全国社会福祉協議会。

マクゴニカル，ケリー／神埼朗子訳（2015）『スタンフォードのストレスを力に変える教科書』大和書房。

宮崎民雄（2008）『福祉職場の OJT とリーダーシップ 改訂版』エイデル研究所。

モチベーション・マネジメント協会編（2015）『公認モチベーション・マネジャー資格 BASIC TEXT』新曜社。

索　引

著者紹介

津田耕一（つだ　こういち）

　関西学院大学大学院社会学研究科（社会福祉学専攻）博士前期課程修了。身体障害者授産施設職員を経て，現在，関西福祉科学大学社会福祉学部教授。博士（臨床福祉学）。社会福祉士。複数の社会福祉法人の監事や評議員，各種行政委員などを兼務。

主　著
『施設に問われる利用者支援』久美，2001年。
『利用者支援の実践研究――福祉職員の実践力向上を目指して』久美，2008年。
『福祉職員研修ハンドブック――職場の組織力・職員の実践力の向上を目指して』
　ミネルヴァ書房，2011年。
『福祉現場 OJT ハンドブック――職員の意欲を引き出し高める人財育成』ミネルヴァ書房，2014年。
『ソーシャルワークとは何か――バイステックの 7 原則と社会福祉援助技術』（共著）誠信書房，2016年。
『福祉現場で必ず役立つ利用者支援の考え方』電気書院，2017年。

新・MINERVA 福祉ライブラリー㊴
主体性を引き出す OJT が福祉現場を変える
──事例で学ぶ環境づくりと指導法──

2020年11月1日　初版第1刷発行　　　　　　〈検印省略〉

定価はカバーに
表示しています

著　者　　津　田　耕　一
発行者　　杉　田　啓　三
印刷者　　江　戸　孝　典

発行所　株式会社　ミネルヴァ書房
607-8494　京都市山科区日ノ岡堤谷町1
電話代表　075-581-5191
振替口座　01020-0-8076

© 津田耕一，2020　　　　　　共同印刷工業・清水製本

ISBN978-4-623-09006-8
Printed in Japan